莲苑修心

——菩提道次第广论讲记（1）

第十一世香萨仁波切　著

飞马国际出版社

洛桑丹增确吉坚赞仁波切
(第十一世香萨仁波切)

洛桑丹增确吉坚赞仁波切
（第十一世香萨仁波切）

　　藏传佛教格鲁派创始人宗喀巴大师母亲香萨阿曲第十一世转世，拉加寺寺主。

　　生于 1980 年 7 月 15 日，西藏安多人。1993 年，被尊者达赖喇嘛认证为香萨阿曲第十一世转世，于拉加寺坐床、修学。

　　1997 年，沿着尊者留下的足迹，出走印度达兰萨拉，尊者在宫邸接见并颂称他为"安多英雄"。随后，依照尊者旨意，前往南印度色拉寺系统修学五部大论，并时常聆听尊者及众多高僧的传法教授。2010 年，获得尊者特设格西学位。学习之余，创办南印度卡纳塔克邦拜拉库比藏人定居点第一部季刊《骏马蹄音》及南方藏传佛教知识协会，先后举办第一届"知识辩论会"和"西藏诗歌朗诵会"，为传承西藏文化付出一己之力。同时创作、出版诗文集《红色命运》《极权》等。

　　2014 年 3 月，赴美，在宗喀巴大师父亲转世阿嘉仁波切的帮助下，到尊者长兄塔泽仁波切创建的中心传授佛法。2017 年 10 月，在华盛顿特区创建拉加寺大乘佛教文化中心（简称 RMBCC），闭关修行。多次应请为具缘弟子传授《菩提道次第广论》等教法及实修心要。深感于当代年轻人的精神困惑和心理压力，不断探索和研究将佛教融入日常生活的教授方法，希望佛教这一人类瑰宝能更大利益当代社会。

　　RMBCC 邮箱地址：ragyambcc@gmail.com

目次

序言　1

第一讲　广论的来历　9

第二讲　学习广论的利益　19

第三讲　关于修止和修观　29

第四讲　应该怎么听法　38

第五讲　听法和讲法的条件　46

第六讲　如何皈依上师　54

第七讲　上师最重要的特质　63

第八讲　好弟子的条件　72

第九讲　怎样荷担上师的事业　81

第十讲　皈依上师的功德　89

第十一讲　前行之七支供　99

第十二讲　平时怎么修持　111

第十三讲　人身义大难得　120

第十四讲　三士道的方式　129

第十五讲　死亡无常　*139*

第十六讲　死亡无常的心如何生起　*148*

第十七讲　佛的功德　*158*

第十八讲　法与僧的功德　*167*

第十九讲　如何供养三宝　*175*

第二十讲　怎么修皈依三宝　*183*

第二十一讲　相信因果　*192*

第二十二讲　十不善业　*202*

第二十三讲　善业带来的果报　*210*

第二十四讲　八种异熟功德　*220*

第二十五讲　观察心与四力忏悔　*228*

后记　*241*

序言

依旺吉

    值遇佛法和《菩提道次第广论》是四年前，我四十年人生的最低谷。母亲刚刚过世三个月，全世界莫名其妙地陷入这场新冠疫情的灾难，各国封锁，新闻上不断报道着感染和死亡数字。新年里我突然接到了大洋彼岸的中国的一纸诉状，来自我的亲生父亲，与我争夺遗产。我在惊愕中匆匆应诉，开始了长达三年的隔岸马拉松官司，欠下了巨额债务，一度因巨大的心理压力，一夜之间彻底失声，哑了半年。我心中有许多痛苦，更有无尽的困惑：金钱和亲情能给人带来幸福吗？人生的意义到底何在？为什么我会遭遇这样的事？面对着地球上纷乱的新闻，我有更大的迷惘：我们处在佛陀所说的末法时代，是不是这个世界真的变得越来越坏，越来越不可救药，不值一活？

    就在此时，在应诉中给我巨大帮助的朋友，也是后来的同修秋尼拉姆师兄，把我引向佛法，引向《菩提道次第广论》的课堂，引向上师——尊敬的第十一世香萨仁波切。最初听课，我是和美国人师兄维克多一起，师父藏文授课，再由翻译交传译成英语。虽然我因佛教基础太差，也不熟悉英语的专有名词，只能听懂师父授课的一小半内容，但即便那一小半内容，也折服了我，让我开始体会到源自那烂陀寺法脉传承的藏传佛教之深湛与珍贵。

仁波切鼓励我们在课堂上提问。维克多是大学法学院的院长，逻辑清晰，思维缜密，每次提出的问题都颇具学者风范。仁波切的回答总是质朴而精准，直指心灵：他很少使用艰深的概念，却经常使用比喻、故事甚至笑话。乍听起来简单明快，细细回味思索却会发现，比拟中富含不同层次的智慧，让人回味无穷。

接触广论之前，我也曾无数次抄写和背诵过《金刚经》，字面的意思似乎看明白了，但实质内容根本不懂。佛教在我过去的接触和印象里，或者是一些云山雾罩、怎么解读似乎都有道理的公案，或者是一些逻辑不怎么顺畅的说教，或者是一些诘屈聱牙哲学概念的高深讨论……这些都很难打动我的心。经典的汉译佛经是文言，作为现代人，在理解上又隔一层。后来才明白，由于种种历史的原因，我未能接触到有唐以来汉传佛教的法脉传承，所以不得要领。

藏传佛教来自那烂陀大学的传承从未断绝，非常注重逻辑和推理。正如尊者法王达赖喇嘛所开示：

一般人认为，宗教的基础是信仰，学佛仿佛无关逻辑推论。可是印度的传统并非如此，那烂陀佛教大学的精神是，令自身的智慧发挥得淋漓尽致，才能深入观察，即便是佛陀亲自传授的教言，也不能无条件地盲目接受，反而要对其教言提出问题，问：为何如此？因此，我们一直在深思、检视、推理。让自己清楚佛法教义的框架为何，再来产生佛法信仰，皈依三宝。

即便佛教内部也有不同的哲学立场。好好阅读并了解不

同教派的思维和哲学观点，通过这样宽广的角度，我们才可以了解到为什么说佛陀的智慧如此不可思议，如此博大精深。我们会更了解到，原来我们所要了知的真相是如此的浩瀚。这样去学佛才会更有帮助，才会提升我们的智慧。

宗喀巴大师的《菩提道次第广论》正是这一传统的体现。透过广论的课程，透过同修们的问题和上师的解答，我明白了什么叫做"如理依止是道基"。

为了更好地"如理依止"，适合绝大部分人的方式，其实是次第修学，这恰恰是广论的另一传统。下士道，中士道，上士道，如同一个人从小学到博士的渐次向上。宗大师说：三士道并非三个不同的人修学的路，而是一个人修学的三个不同阶段。

仁波切在最早几节课就曾强调，千万不要小看下士道的内容。如果下士道的内容真正学修好了，人生百分之九十以上的烦恼都不会有了。我那时还将信将疑：真的有这么神奇吗？

及至自己完整听过一遍下士道的法义内容，尽管距离修好还相距甚远，我已经尝到了巨大的甜头。透过反复思维死无常，反复思维因果，我似乎对之前的那些困惑开始有了自己的答案，心也逐渐平静起来：原来幸福安乐的恒常只是假象，一刹那接着一刹那的无常才是真实。死亡、疾病、车祸、官司……无时无刻可能落到自己和任何一个轮回中的众生身上。而这一切都是源自我们是因果控制下的囚徒，从未有一刻获得过真正的自由。现在我官司的苦果，一定也是由于我过去世所造之恶业而形成。好消息是，受过这痛苦，也就还了债。当我对这苦对这死亡无常无法处理，感到畏惧，自然会去寻求可依赖的皈依对象，即是三宝。

最初听法的几个月里，不知不觉中我的心有了变化。原来佛法道理是这样的清澈！原来佛法智慧是那么美！虽然身体仍在应付着缠人的官司，心却不再那么紧张与痛苦。我渐渐康复，嗓子不再喑哑，脸上也恢复了往日的笑容。广论课变得像小时候每周只放一次的动画片一样让人期待。上课前，我提前准备好手机，端坐在电脑前，想着今天师父会给我们带来什么新的内容。下课后，我反复思索着仁波切课上的言语，忍不住兴致冲冲地和家人分享。

一天下午，我和别人因为一件小事，吵了起来，吵完架正好上广论课。在课上听着师父讲十不善的内容，嗔恨和恶语带来的过患，我如坐针毡，心中非常羞愧：我学佛学到哪里去了？就我这样乱发脾气，还好意思说自己是佛陀的弟子吗？越听越觉得难过。一下课，我就赶紧找对方道歉，在佛前忏悔。

在诉讼的三年里，我牢记仁波切的提醒：不要对你父亲起嗔恨之心。经济的压力和内心的痛苦，让我没有把握自己能够真正原谅他，只能尽量地不去想他罢了。然而，官司彻底结案、我败诉但确定有办法还债的第二天凌晨，在半梦半醒间，父亲变得又小又丑，我呼喊着爸爸，大哭着背起他。醒来时那悲伤依然如此真切。我一下子释然：原来自己的心已变得比想象中大，潜意识中早已知道，他和我一样，都被自己的烦恼所控制，在这轮回的无尽之苦里。大家都只是可怜的众生。那一刻我意识到自己真正对他没有嗔恨了。而那一刻我也就真的不再为此事痛苦了。

《菩提道次第广论》，是很多藏人的珍宝，仁波切随身携带了二十年。菩提道次第，包含了一个人从初学的依止上师一直到成佛全部的路。佛法的传承，广论的传承，从佛陀起始绵延两千五百年，至今未曾断绝：佛陀以降，从广行派的弥勒菩萨无着菩萨，到深观派的文殊菩萨龙树菩萨，还有伟大行派的寂天菩萨，三种传统一齐汇集到阿底峡尊者，再传到宗喀巴大师，传到尊者法王达赖喇嘛，传到香萨仁波切，再由尊敬上师传给我们。这是多么珍贵啊！每思及至此，顿觉不可思议。随着不断学习，我体验到了广论对于自己的实际利益，就更坚定了沿着这条修行之路走下去的信心，坚定了对上师的信心。

仁波切说，真正的痛苦，并不来自于外界或者外物，而是来自自己的内心。修行的关键，就是改变自己的心。我们只能改变自己的心，但修行也仅仅需要改变自己的心而已。对于当下这个世界，仁波切说，有人说这个世界人越来越坏，其实佛陀时代也有提婆达多这样犯五逆恶业的人，也有一堆僧人跟着提婆达多而反对佛陀，真正的磨难是在自己心中，自己的心稳定了，再看这个世界，这世界没有那么糟糕了。

仁波切让我明白了如理思维对正确修心的重要性。面对我的这场官司劫难，除了从下士道所学的因果角度去想，后来学到中士道，我又学会了用四谛的顺序角度去想：我恰因母亲的死亡和父亲的这场官司，而更深切体会了人生的苦，这才有强烈的念头想去寻求苦的原因和解脱，才会去学习佛法和修集。痛苦在这个过程中,成了我修行的助缘。而后,再学到上士道的课程,我又这样思维:所有的佛和菩萨,那么伟大和让人羡慕,哪个不是经过六道轮回中无数苦的历练和磨难才成就呢?他们早在过去世尝过了和众生一样的苦,才最终能理解我们,才有能力帮到我们。我今后要成佛,现在尝受这些苦,不也是在为能够帮助和我现在同样的众生而作准备吗?

上师的加持如水一般持续而有力,仁波切对我的影响是润物细无声的。他说,修行是快乐的事,这也是我这四年所体会。他说,我不那么提倡苦修,所谓苦修的修行人,其实只是你看着他苦而已,他因修行而产生的内心快乐,是远大于这个苦的。他说:要尊重别人,不要去强迫别人。如果一个人缘分到了,你阻拦着他不让他皈依,他也要哭喊着请求皈依的。

经过了近两年的学习,英文广论课对我帮助甚大,但毕竟不是母语,我的理解有限。再者,我也希望广论课能帮助周围和我一样,亲近佛法、却在人生诸苦中迷茫的朋友们。所以后来我又与东涅嘉措师兄和秋尼拉姆师兄一起,向仁波切请法汉语教授《菩提道次第广论》。

在请法的过程中,我深深为仁波切的大悲心所震撼。历任香萨仁波切身为呼图克图(转世上师的最高职衔),弟子众多遍及藏地。当年仁波切去拉加寺坐床时,就有几万藏人沿途日夜等待,仅为了得到上师的加持。上师到了美国以后,却并不追求广大的名声和弟子的数量,而是希望能真正用佛法帮助到有缘的众生。最初的几位师兄听法数周之后,丹真

才让师兄也想加入，仁波切觉得那时进度已深，中途加入恐怕会造成偏差的理解乃至障法。但仁波切又希望帮助到这位真实想要听法的师兄，于是提出：可以单独为他一人重开新课。丹真才让师兄得知后诚惶诚恐，我也第一次体会到：仁波切是真正只为帮助众生，而没有分别心。不论是一个人还是十几个人还是几十个人还是几万人，他都一样认真对待。我们几位已听至中途的同修，希望跟着丹真才让再听一次，又有十位师兄一起加入。这本讲义就是由此次讲法的笔记整理而成。

第一讲 广论的来历

今天讲广论的来历及学修广论的利益。

阿底峡尊者（Atisha）小时候，有几位瑜伽师教他密法，但因为没有先学显宗，所以密宗也没法学得很好。后来，他的上师、本尊和空行母们说他如果出家，可以帮助更多的众生，他就去那烂陀寺系统学习佛法，开始学习显宗。他很快成了那烂陀寺学问最好的人，因此，西藏的国王（菩提光）派人前来邀请他去西藏传法与造论。因为那时，西藏的佛法已经变得很乱。

是怎样变乱的呢？起初寂护大师受到藏王赤松德赞的邀请，自尼泊尔入藏传法，来时已经七十多岁。他建议藏王派人至印度那烂陀寺求学，学习梵文，并将佛教经典译成藏文。他自己也翻译了很多佛经。那时为了避免翻译上的错误，要求必须有一个西藏人和一个印度人一起才能翻译佛经。翻译佛经的地方是桑耶（Samye）佛学院。（注：桑耶佛学院现在又叫桑耶寺，在寂护大师倡导下创建，由寂护大师和莲花生大师共同开光洒净，距今二千多年，内分在家人学院、出家人学院、翻译学院和禅修学院。）

如果有些经不适合当时西藏人的，就只翻译不出版（西藏翻译未出版的书中，大部分是密宗），这些书都被保管起来不外传（因为密宗的经典是需要有显宗的学习基础和上师的讲解，才可以看、可以学的。否则自己瞎理解，学不懂，还可能走火入魔）。后来朗达玛灭佛后，僧人没有了，戒律消失了，有一些书流入社会，所以乱了，导致那时西藏的佛法传承变乱，戒律不清净。

西藏（阿里地区）的国王智光王，为了延续佛法慧命，舍弃王位出家，把王位让给了弟弟菩提光，并且自己要去那烂陀寺找一个学问好的出家人，来清净戒律，重建学佛的次第。听说阿底峡尊者在那烂陀寺学问好，智光王就要去那烂陀寺邀请阿底峡尊者，他途经尼泊尔被扣押。菩提光出兵打不过强大的迦罗王，只好同意拿和智光王全身等尺寸的金子来赎他。但再怎么努力，只收集到智光王身体那么多的金子，还差一个头的尺寸。他在恳求下见到了智光王，智光王已经被折磨得非常虚弱，菩提光见到被押的智光王后哭了，智光王对菩提光说，我的身体因为折磨变得虚弱，头脑也不清醒了，这样回去也没有益处。人身轮回了这么多次，我也没有为佛教舍弃过身命，如果不能请到大德来西藏弘扬佛法，这个人身也没有意义。你把这些金子拿走吧，拿去那烂陀寺恭请阿底峡尊者！就这样智光王牺牲了自己。

菩提光派遣学问好的西藏人，学了梵文，去印度请阿底峡尊者。当时有很多国王都派人来邀请阿底峡尊者，但印度人不希望尊者离开印度。西藏人并不知道哪个人是阿底峡尊者。尊者的管家是班智达，学问也很好，跟大家说：西藏人来了，你们不能说谁是尊者。这些西藏人只好自己去观察，看到年长的学问很高的人，走路的仪态和众人不同，就问是不是阿底峡尊者，结果不是，问来问去哪个都不是尊者。有一位之前来到那烂陀寺学习的西藏人，他悄悄告诉前来请尊者的西藏人，不提邀请之事，只留在寺中学习，以俟时机。有一天，有一位出家人，把饭食分给穷人。结果有个穷人没分到，就大喊：阿底峡，阿底峡，没有给我饭！藏人就一下子跪到尊者面前，抓着尊者的脚哭了。他们讲了殉法的智光王的故事，以及菩提光和智光王的意愿。尊者深受感动，但因为语言不通，他不能肯定自己此去西藏是否能够帮助到藏人。他问了管家，觉得必须要看佛菩萨怎么说，就去了佛陀成道的菩提迦耶转塔请问佛菩萨，尊者在菩提迦耶得到度母开示：你应该去西藏。去西藏你的寿命会变短，但对佛教和众生帮助会很大，还有一位观音菩萨的化身会来帮助你（指仲敦巴，法王也是仲敦巴的转世）。尊者觉得，自己寿命减少并没什么，只要真能帮到佛教和众生就行。他就心甘情愿地上路了。路上又花了很长时间，才到达西藏。

进藏以后，藏王菩提光对阿底峡尊者说，请尊者造论讲一个适合西藏人的法。于是阿底峡尊者就写下了《菩提道炬论》。写好之后，传回给那烂陀寺。因为那烂陀寺的规矩是，造论需要500多位班智达共同认可，才可发行。结果所有大学者看过之后，都赞叹这部论好，都说阿底峡尊者此次去西藏，太值得了，因为待在印度是不可能写出这样的一本书的。

印度人聪明又努力修行，西藏人相比而言，不努力也不聪明，而这本书是很适合西藏人的。后来，宗喀巴大师以这部论的内容为基础,又写了三本书:一本就是我们现在学的《菩提道次第广论》或者俗称广论,另一本是《菩提道次第略论》,第三本是《菩提道次第摄颂》,只有几百字。

我们学习的所有佛法都是佛陀讲的,并不是阿底峡尊者或宗喀巴大师的发明,但阿底峡尊者写书是为了让人更方便学习和理解佛陀的法。佛陀圆寂后,大乘分为了深观派和广行派。这本书是把深观和广行两派的内容融合在一起讲。

佛陀为众生说法,是因为众生有烦恼。而众生解脱烦恼,佛陀没办法直接帮助,只能靠众生自己修行直至成佛,关键是众生自己要变化。所以,佛陀的书有108卷梵文经典翻译到西藏来(即《甘珠尔》,佛陀言教译典)。佛经非常多,但是这里面跟修行无关的,佛陀一个字也没讲。

佛陀的书都是为了人去修行的。有很多人"学习研究"了佛法很多年,但是不修行,其实也学习研究不出什么。这也是出家人和在家人的区别。修行是你要心里去想,心里变化,以修行的角度来学习,出家人最重要的是研究自己的心。宗喀巴大师这本书写得很清楚。在近代,很多高僧都写过关于道次第的书,不下一两百本。

阿底峡尊者原本的《菩提道炬论》太短、太精华了,后来阿底峡尊者的弟子造论,也没有讲得很细。宗喀巴大师这本广论,不止格鲁派,西藏别的佛教派别也教。香萨仁波切的历代传承,外出时必须要带一本广论。

宗喀巴大师一生一共写了十八函书,大部分是密宗的书。为什么我们把广论当宝贝呢?因为这本书所有人都能学得懂,适合各种根器的人。学懂了广论,再去修密宗,就能

修得懂了。另外，广论对于修行的方向，很重要，当你学完了下士道和中士道的内容，你就懂了修行的方向，再往下修也能修好了。比如，如果你直接看中观的书，或者唯识的书，那其实是看不懂的。因为它们并非学术或哲学，而是修行的路。广论讲的全都是修行的路，而只有佛弟子才会修行佛法。

这本书讲了什么呢？就是怎么样一步步地成佛。从下士道到中士道，再到上士道，讲一个人怎么成佛。如果你认真学的话，不想成佛都会成佛。没按次第学这个，想成佛也很难。

我们来看正文。皈敬颂的头三句"俱胝圆满妙善所生身，成满无边众生希愿语，如实观见无余所知意"，是礼敬佛陀的身口意。佛陀成佛，有身口意方面的功德。一个人要能够成佛，需要漫长的时间，显宗说要经过三大阿僧祇劫。修行那么长的时间，是为了增加福报，有了福报才能积累智慧，最终成佛。你们看《佛本生经》里的故事，就知道佛陀在成佛之前，经历了多少。

法是什么？唯有法可以帮助众生。佛陀无法直接帮助众生解脱烦恼，法才可以。众生的痛苦好比肉中长了刺，佛陀无法帮你拔出来，佛通过讲法，让众生自己修，自己学，自己可以成佛，从而摆脱烦恼。

佛陀是没有能力直接帮助我们，才为我们讲法么？——不是的，佛陀有这个能力。但问题是，我们的福报不够，就算佛陀在我们眼前，我们也看不见。

例如无著菩萨观修弥勒菩萨的故事。无著菩萨闭关三年没有收获，未能见到弥勒菩萨，就出关了。出关后看到一位老者在石头上磨一根铁棒，就问老者在做什么，答在磨一根针,他很受鼓舞,又入关闭关。又三年,没有成果,他出关,看到滴水穿石,受到鼓舞,又入关闭关。又三年,没有成果,又出关,看到石崖上的鸟用羽毛在磨巨石,受到鼓舞,又入关闭关。又三年,还是没有成果,他出关后看到路边有一只受伤的狗,两条后腿断了,腐烂生蛆,两条前腿在地上爬,口中哀鸣。无著菩萨心中生起慈悲心,划破自己的腿,让蛆到自己腿上喝血吃肉,当他用手去抓蛆时,又怕伤到它们,想到用舌头把蛆舔过来会好些,他闭上眼忍住恶心凑过去时,小狗刹那间消失了,弥勒菩萨站立眼前。无著菩萨抱怨道,我闭关这么久,你为什么不出现。弥勒菩萨答,我一直在,只是你看不到,不信,我和你一起到街上去试试。于是,无著菩萨背着弥勒菩萨走到闹市中,无著菩萨大喊:弥勒菩萨在此,大家快来拜见。所有人都认为这个出家人是个疯子,因为他们什么也没看到。最后,只有一位老太太,看到他的肩上背了一只烂的狗腿。

我们不修行到一定程度,也看不到佛,看不到菩萨。

佛陀实际在过去世中早已成佛了,此生只是为了以一个普通人的样子通过佛法向我们指出:我是这样一步步成佛的,你们也能做到。

佛陀什么都会,因此我们要顶礼。

佛陀的弟子,弥勒菩萨和文殊菩萨,也是过去世早已成佛。但他们乘愿而来,反复地轮回,来帮助众生。佛陀时代,他们又下来扮演菩萨的角色,帮助佛陀传承佛法。佛菩萨就是这样"游戏"世间的。

大乘和金刚乘(即密宗)的佛法,在佛陀时代为什么没

有直接流传开来？理由有二。

其一，小乘的佛法，是由巴利语讲授和书写，并传给阿罗汉的。巴利语是当时大众的语言，没有种姓的限制，大家都能懂，所以很容易在历史上直接传下来了。而大乘佛法是以梵文（Sanskrit）传给菩萨们和密集金刚的。梵文只有婆罗门和刹帝利会，很小众。

其二，大乘的内容更加甚深微妙，非常非常难懂。主要是从二十几部般若经里来的。其中有关深观派的内容，由文殊菩萨传给龙树菩萨。有关广行派的内容，由弥勒菩萨传给无著菩萨。

阿底峡尊者融合了这两派大乘佛法的内容。宗喀巴大师拜访了很多上师学习佛法，著名的就有42位，最终写了广论。他为什么要写这本书呢？因为现在的很多修行人，学习很少，有人根本不学习，有人学习了也不把学到的东西当作修行来用，还有些人喜欢分教派，争来争去。宗喀巴大师认为这些都是错误的。

为什么有这么多的修行人，但是修得不好？为什么修行人的问题不断？——是因为没有恭敬心与清净心的缘故。

又有人光有恭敬心和清净心，但只一味苦修，不去学习——当然这样修没有功劳也有苦劳了——苦修的福报肯定是有，但没有学好，依然修不出来。

有人去学习，又只当作一门学问想学好它，不去修行，只是天天在那里讲，也没有什么结果。

广论就是针对这些问题的：学了不修，或者修而不学，或者，有些人对不同的教派起分别心。其实各个教派都是佛陀讲的法,没有高下分别,各有各的特点。有些人看到某个教派或者某个庙的人如何如何,就对教派起分别心。其实,庙大了、派别大了,什么样的人都会有,人类总归是有缺点的。

从前,第七世香萨仁波切的上师想要建一个庙,要去丈量土地,第一次去看尺寸的时候,第七世香萨仁波切只有十几岁,他的上师让他往远处走走,结果他一下拿着尺子跑出了老远。上师说:阿咔咔(就是哎呀的意思),我本来只想建一个小水塘,水塘的话,只能容纳好的小鱼,现在你跑到那么远要建这么大一个大海,那各种鱼就都来了,鲨鱼这种也来了。

这个故事是说,大的庙里各种出家人都有。现在这个寺有2500多出家人。人多了,自然什么样的人都有,人多就会乱。西藏人有时会争高低:大乘最好,小乘不好,格鲁派最好,什么什么派不好,要讨论哪个教派最好。其实不应该有分别心。

宗喀巴大师写书的原因就是这三个。希望大家:一、不要带有对教派教法的分别心去修;二、学的时候要能分别,能分清楚日常生活和修行的区别,不要混作一谈;三、为了修行成佛才学习广论,这样的人生才有意思:我们的生命一世一世这样轮转,能够遇到广论,就珍惜地学,学了以后能够用到。

答疑

问:我们经常说,要在生活中修行,可是师父又说,要能分清楚日常生活与修行的区别,不太明白。难道我们不该

用修行的心去生活吗？

答：理想的情况当然是时时刻刻以修行的心来行，但是在家人其实做不到的。有个高僧的弟子供养了高僧的寺庙很多财宝，高僧的父母知道了，说我们生下你，把你养那么大，你分我们一点吧？高僧说，我不能给你们，因为我不想你们下地狱。在家人和修行人看待这些事的角度是很不一样的。再比如，在家人应该孝敬帮助老迈的父母，抚养幼小的儿女，但作为一个真正的大乘修行人，是要百分之百离开这一切的。再比如撒谎行不行，出家人是不可以撒谎的，但在家人有时没办法，因为在家人不能完全控制自己的生活。比如今天你要来听佛法课，但你的父母病重，那你必须要去照顾。生活里有各种各样的顾虑，在家人必须要做好。

我们说的六度，其实也贯穿在我们平时生活中。在家人要百分之百做到，有难度，但要能分清楚日常生活中在家人的责任和修行，以修行的心入生活。

俗话说，在庙里学，人人都是佛菩萨，因为山上没人打扰，做到看似非常简单，但是在家人生活就乱，就复杂。我们出家人接触在家人，也要了解这种情形，还要继续了解在家人的生活。

修行很高后，能分清楚在家出家。我们现在还做不到，也不可能在家生活都按照出家人的想法进行。但是我们可以经常观察自己的心，只要不断观察自己的心，在哪里都是修行。

The Sages do not wash away our crimes with water,

They do not dispel beings' sufferings with their hands,
Their realization can not simply be transferred;
They liberate by revealing the true nature of things.

依旺吉试译大意：
佛不会用水洗掉我们的罪业，
亦不会用他们的手消除众生的痛苦，
他们的成就无法被简单传递给我们；
他们通过展现事物的真实性质来使众生自由。

第十四世达赖法王开示中，四句颂译文：
佛说罪莫能洗涤，
佛手无能取众苦，
佛证无能转他人，
唯示法谛得解脱。

常见译文：
佛非水洗众生罪，
亦非手拔有情苦，
非将己德移于余，
唯为说法令解脱。

（讲于 2022 年 9 月 11 日）

第二讲　学习广论的利益

上节课讲完了皈敬颂，这节课开始继续讲正文。

佛陀讲的所有大乘佛法，后来主要分成两个传承：深观派和广行派，深观派经由文殊菩萨传到龙树菩萨，广行派经由弥勒菩萨传到无著菩萨。广论的下士道、中士道、上士道并不是按照三种不同的人的修行来写，而是按照一个人次第修行直至成佛的路来讲。其中下士道和中士道是修行的基础内容，与小乘所共有，到上士道我们会讲到菩提心，是大乘的内容。

讲道次第的方式有两种，第一种是那烂陀寺的方式：上师珍惜、清净地讲，听讲的人也没有分别心、珍惜、清净地去听，所说的法也清净；另一种是止迦摩罗室罗寺（超行寺）的讲法，这个寺庙是印度佛教后期从那烂陀寺分出来的重要一脉，这种讲法是"造法写书的人殊胜"，"正法殊胜"和"如何讲闻彼法轨理"。宗喀巴大师在这里取后一种超行寺的讲法。

什么可以被称为佛法？佛法的定义是什么？能称为佛法的，需要具备以下三个条件：一、从前佛陀讲过；二、后来印度的高僧和学者讨论过；三、有人依此修行也修成功过。

有些外道的话讲得很有道理，但是不是佛法呢？我们要看佛陀有没有讲过。佛陀可能没有讲过一模一样的话，但是讲了类似的意思，有时不好分辨，就继续看印度的高僧们是否讨论过？人在很多似是而非的说法中很容易迷惑，有的话看起来很接近，但没有人真正依此修行成功，也被当作法，但这并不是真正的法。

超行寺的方式阐释的菩提道次第，有四个部分，下面我们来讲第一个。

"一、为显其法根源净故开示造者殊胜。"

我们讲的菩提道次第，其造论者是阿底峡尊者。阿底峡尊者的传记，翻译成汉语的很多，你们可以自己去查去看。我在这里讲最重要的内容。

阿底峡尊者出生于今天的孟加拉，从小非常聪明，也学过很多的法，但没有学得很细。后来出家以后，学得比较细。他主要待过的寺庙有两个，一个是那烂陀寺，你们应该听说过。佛陀圆寂后200多年创建，后来的深观、广行两派都是从那烂陀寺发展出来的。我们西藏的佛法，都是直接从那烂陀寺传过来的。佛教在印度式微以后，那烂陀寺的传承仅在西藏被系统传下来了。你们汉地熟悉的玄奘法师，也是去那烂陀寺取经学法，做过那烂陀寺的住持（经查有说担任副主讲）。

另一个寺是超行寺（Vikramashila University，也叫超戒寺）。那烂陀寺衰亡了以后，很多班智达去了超行寺，那里聚集了一批高僧。各地的国王都请那里的高僧去讲课，还有和外道辩论。阿底峡尊者当时辩论赢了很多外道。国王当时画了一张图，把精通五明的班智达画在一边，法力超强的瑜伽士画在另一边，而阿底峡尊者同时属于这两种。

阿底峡尊者把龙树菩萨的深观派发扬光大。当时很多国家都邀请他去讲课，他最后去了西藏讲课。你们可以看一下他的传记，印度人尊重他就像尊重龙树菩萨一样，地位是非常高的。

上节课我们讲到佛法在西藏的传承历史。最初是寂护大师（Shantarakshita）和莲花生大师前来传法，寂护大师的弟子莲花戒（Kamalashila）也是重要的传法者。宗喀巴大师讲的显宗中空性的奥义，世界上现在只剩下西藏很深地学来了。

寂护大师入藏时，藏地因为汉地禅宗僧侣摩诃衍和尚传入禅定的一种修法，引起教义争论。汉地僧人认为不用去学、不用去想空性，禅修打坐就好了。藏王赤松德赞派人至印度，敦请莲华戒大师入藏。双方辩论的结果是莲华戒大师获胜。

认为只要打坐、不需要去学习空性的这种看法，是有问题的，因为打坐的时候你需要去想、去观修。其实哪怕是外道，也有修止的方法，修止的时候，什么都可以当作止的对象，从而把心定在那里。但我们佛教会观想佛陀。后面修观的时候，就需要去观想空性了。外道没有修观。不深入学习空性的话，怎样修观呢？（依旺吉注：前几天我正好看到法王对汉地僧人提问的一段回答，很有意思。有个僧人提问讲到学修佛法到底是应以学广大教典为主、为基础，还是以禅定为主？法王回答说，他看到大陆很多僧人以禅定为主，但他建议应当先广大地学习。以禅定为主为先的这个次第有问题。

原因是,佛已经很清楚明白跟我们说过了,我们不要的痛苦是来自于对真相的不认知。可是真相的认知靠的不是专注于某个止定的定,要让人专注于真相才对。可是问题是真相要先了解啊,要了解,要广大地学习教典才有办法啊。)

寂护、莲花戒师徒之后,朗达玛灭佛,再后来阿底峡尊者入藏来帮助西藏的佛教。

广论的母本《菩提道炬论》就是阿底峡尊者写的。三大寺后来都学习菩提道次第。广论后面上士道的内容很难懂,是中观派的智慧的看法。开始的下士道和中士道比较简单。对开始修行的人而言,最重要的是下士道的内容,在家人最好是先按照下士道这样去修行。

"二、令于教授起敬重故开示其法殊胜。"

这一点讲的是学习广论有什么样的利益。

阿底峡尊者的《菩提道炬论》,一是显宗、密宗全都讲了;二是一步步地讲如何修行,讲得很细;三是把深观和广行两派的内容融合起来讲。

学习广论有四大功德和利益:

一、学了以后,对大小乘佛法,对佛法各教派,不起分别心,所有的佛法都能帮助你修行。

二、学了这本书讲的法以后,从修行的角度会用。比如有些不修行的人觉得中观是逻辑,把它当作哲学和知识来学。中观很深奥,他们并不知道怎么用于修行。实际上中观全部都是要用于修行的。学了广论,其中的法都可以运用于修行之中。

三、学完广论以后，就很清楚、很明白佛陀讲的法的意思。

四、明白佛陀讲的法的意思以后，我们就可以避免错误和恶业。我们不知道轮回的苦和原因，不知道因果，就会造恶业，但了解以后自然会注意，避免恶果。

具体讲第一点，对各教派、大小乘都不起分别心，一样地学。我们学佛，主要有两个原因，第一个原因是自己修行得解脱，这是小乘的想法；第二个原因是发慈悲心、发菩提心以帮助众生，这是大乘的标准。怎样才能帮助众生呢？要自己学懂了以后，给众生讲，以此才能帮助到他们。

为了帮助众生，所以我们对小乘的修法也需要学习，才能了解他们，因为也要帮助小乘的人。

能不能看和研究外道的书呢？这里有些不同的看法。有人认为不能看，有人认为可以看。我觉得外道的书其实也是可以去看、去了解的。去看了才知道佛教的看法差别在哪里，佛教的好处在哪里。法王也说过，其实世界上各种宗教都有好处。只是看待世界和看待问题的方式不一样。很多宗教的做法我们也认可，比如基督教也建立了很多学校、医院，帮助到了很多人。但各宗教去帮助人的出发点不一样，帮助的原因不一样。比如帮助别人时有的人是为了对方在自己需要时也帮助自己，或者自己能出名。佛弟子帮助他人时，帮就认真帮，是要真正地为别人着想而不是图任何别的什么。帮到别人，别人的事顺利了，自己的事自然顺利，这也就帮到了自己。所以也要了解别的宗教，了解多了也许会觉得佛教更好，我自己就是觉得佛法更深。当然如果你觉得别的宗教更好也没关系，你就去信仰别的宗教。

但我觉得看外道的书要等你把真正的佛教学到一定程度再去看、去比较，我建议把中士道的内容学完再去看外道的书。那时你对佛教已经有了个基本的了解，现在你没学，也不懂，我不推荐现在看外道的书，人容易迷惑，未形成正知前容易怀疑。

学佛有两种动机。一种是解脱轮回，从刚开始的想法——修了以后对自己有好处，比如保佑自己不生病，生意兴隆，人生开心等等，帮助的是我，或者最多是我的家人朋友等等，到思维解脱轮回。另一种是成佛，需要发大慈悲心，发菩提心。这个真正做起来，其实是很难的，打坐的时候可以去不断想一想。菩提心不只是要帮助自己，自己周围的人，还要帮助自己的敌人。从慈悲心到大慈悲心再到菩提心，有很多层级，大慈悲心也有各种层级，要依顺序慢慢修行。

大乘的修行有两种教法，一种是 བསྟན་པ་སྤྱི་མཆན། （音译：丹巴金岑，丹巴指佛教，金岑指全部），意思是所有人能学能修。学了广论，大致就都会懂了。届时你有了修行的基础和方向，再去看任何显宗的书，都可以自己修学。这种方式，是适合所有修行人的方式。

另一种是 གང་ཟག་སྙེར་མཆན། （音译：冈匝给岑），意思是一个人教另一个人。只有少数的上师和少数的弟子可以修，需要有一个很好的上师，和一个很好的弟子，这位好上师可以看清弟子的发心、学习程度等等，根据弟子的情况，教给他单独的修行方法，只能这个弟子一个人用，修了能成佛。这是密宗的方式。这就像有针对性的药一样，这个药很好，对别人很适合，但不一定适合你。你的药和别人的不一样。这些

法是好的，但还要针对适合的对象才可以修。

有这样一个故事，有个高僧对自己的弟子说，我今天要传给你一个很神秘的咒，弟子很高兴。高僧就在弟子的耳旁小声传了他一个咒，结果弟子发现这个咒语其实是他早就知道的一个咒，大家都会念的一个咒。但平时传这个咒和这次其实是不一样的，这次传的虽然是一样的咒，但其实是让弟子当作本尊来修的针对性的法。

现在我们广论学的大部分是显宗，是所有人都可以学的法。大部分的佛教内容，在这个书里都讲了。修学佛法的两个目的，解脱轮回和成佛，是不同的。前者仅仅需要解脱自己的痛苦，而后者必须要发菩提心，必须要懂空性，才能成佛。

有这样的争论：只修显宗能成佛吗？有人说可以，也有很多高僧认为显宗只能修到十地菩萨，而要成佛必须要修密宗。密宗的看法是只修显宗是不能成佛的。显宗学好了才能学修密宗。

宗喀巴大师这本书里，下士道、中士道讲完了以后，上士道最后讲了一点点密宗的内容。但绝大部分密宗的内容他放到他的《密宗道次第广论》一书里去讲。

有人说既然不修密宗不能成佛，那我第一步先学密宗行不行？这是不对的，因为这样修的话你会有很多不懂的地方。当然不排除极少极少数的缘分，有人特别聪明，又可以碰到极少数的好上师直接修密宗，但这样的人太少太少了。平常人还是要学了显宗才能懂密宗。密宗离不开显宗的基础。

印度教的一些教徒错误地认为，佛教属于印度教的一部分（很多印度教的教众认为佛教是印度教的一部分，这才引出后面讲阿底峡尊者听说一位高僧去世的惋惜，讲出一些外道和佛教难分辨的话题）。阿底峡尊者晚年曾说，整个印度能分清佛教与外道的，只有他自己、那洛巴和馨底巴三个人。但那时印度高僧其实有17个之多，西藏的很多书都是他们写的。有些外道和佛教真的很难分，很多东西几乎一模一样。比如佛教中的曼达，印度教里也有。印度教下面又分了很多派别，其中重要的就有四个，如果没有很深地学的话，根本分不出来。所以你要学显宗，才能分辨。分辨佛教和外道的一个根本是有无菩提心和空性。但外道也有慈悲心。比如湿婆，辩论的时候就会说湿婆到底有没有慈悲心等等。不学的话看起来很相近。

密宗无法和显宗分开，我们西藏有个比喻。西藏有一种由酥油做成的饼干，离开了酥油就做不成。这个比喻是：离了显宗修行的密宗，就像没有酥油的饼干，只剩下"哄、哄、哄、帕了、帕了"的咒语了。饼干之所以香是因为酥油，密宗之所以很深是因为显宗。

显宗最深最难的地方在于空性与菩提心，要在上士道的时候才学。如果不懂空性，最终慈悲心也修不成。

但我们最初学习的是佛教的基础，念死亡无常。死亡无常是修行人最重要、需要懂的东西，如果不懂就做不到真正的修行。懂了的话，我们世俗一大半的烦恼就自动消除了。在家人会有很多杂事困扰的烦恼，出家人没有这些。修行人可以从念死亡无常，一个一个往下地开始修行。噶当派以前的高僧有个做法是悬挂一个黑色的绳子在眼前，这绳子就代表死亡无常，不知何时就会来勒脖子。我也一直在墙上悬挂

一根绳子，这是一种提醒，让人看到时就想起死亡无常。

我们要时刻提醒自己，真正的敌人是我们的心，真正的敌人不在外面而在自己的心。如果认为敌人在外面，就不会去修，认为敌人是自己的心，才会修。讲个密勒日巴的例子，他曾要去某个山洞闭关打坐，其他人都对他说不要去，里面有个很可怕的魔鬼，杀死好几个修行人了。密勒日巴说没关系，就去了。第一天晚上，那个魔鬼就来拽他的腿。密勒日巴一时心中害怕，但瞬间就对自己说：我的心里如果没有造这个鬼，哪来的鬼呢？于是就战胜了魔鬼。最坏的魔鬼就是我们自己的心，人的疑心、害怕带来的困扰，就是魔鬼。

再给你们讲个故事。三大寺有一位老师，特别怕鬼。有一天下大雨，昏暗中，他觉得有鬼在一探一探地偷窥。就喊另一个法师一起去看，结果发现，是风一吹，树的枝条就被压下来，一晃一晃的，映照在墙上的影子就一动一动的（笑）。

所以，我们要去想真正的敌人在哪里，能真正知道敌人在自己心里，就很不错了。有时候你会生气，事后去想想为什么生气，原因往往自己想起来都很好笑。生气有什么意义呢？没有意义。

我们要时时观察自己的心，想一想死了以后我们会是什么？去哪里？下辈子要投胎到哪里？是会下地狱还是什么？这样就会知道自己应该怎么做。（注：课后跟师父确认，藏语的下地狱不只是去地狱道，不单单包括十八层地狱，而是包含了旁生道、饿鬼道等恶道。）

也要经常想想现在，现在可以一起听广论，是过去世积累的福报。大家现在身体都没有什么大问题，还能听佛法，大乘佛法，这都是前世努力修行的福报。几千几万佛弟子，真正修行的有多少呢？所以要好好修学，这样才对得起自己累世的福报，不浪费这个人身。去一个一个地想、修，这样下辈子才会越来越好，不断往上走，才不亏待自己和自己前世的努力啊。

答疑

问：师父啊，刚才说到出家和在家，我常常感到，自己关起门在自己屋子里，读佛法的书，很欢喜，感觉自己似乎跟出家人没两样了，但是一出门，满眼看到要求测核酸，防疫各种政策，就很烦恼，立刻变成在家人的状态了。该怎么想这个问题呢？

答：出家人和在家人的根本区别在于戒律方面。出家人要持相应的戒律，在家人则不必。

至于修行方面，在家人的生活比较乱，因为无法完全控制自己的生活，但因此，也有修行的机会。

我上次说的，把修行和生活能清楚分开，是修行程度更高时能够做到的。但现在你们刚刚开始学习，不必顾虑太多。噶当派为了避免打扰也有在山上闭关修行的方式。你们是在家人，还有日常人生要过。如果你在房间里的这个状态，生活中也可以保持这样的心，那很好，如果做不到就可以努力从这个角度去调伏。很多东西你看清了，能放弃了，心中就踏实了，会很放松。怀疑和犹豫有意义吗？只会带来很多烦恼。

（讲于 2022 年 9 月 18 日）

第三讲 关于修止和修观

上次我们开始讲学习广论的功德和利益。今天继续细讲。广论利益的第一点,"通达一切圣教无违殊胜"。

大乘里有些人看不起小乘,觉得修小乘成不了佛,大乘更好。又有些小乘的人看不起大乘,说大乘的经都不是佛讲的。法王在讲法的时候避免用"小乘""大乘"这样的字眼,而是用"巴利语系佛教""梵语系佛教"这样的字,就是为了不起分别心,避免这样谁看不起谁的争论。

实际上,从广论的角度来看修行人,小乘、大乘、金刚乘虽然不一样的地方很多,但是这三个都是修行的路,因此都要去尊重。佛陀对各种各样的人,讲各种各样的法,有了义,有不了义。广论学完了的话,这些全部都能用在修行上。

讲到世俗谛和胜义谛,大乘中观里有关空性的部分,是胜义谛的内容;小乘里的很多看法,和世俗谛一样。这些都是修行的路。

再往上修到密宗,密宗也不要看不起显宗,因为密宗和显宗是分不开的,没有显宗的基础,是学不好密宗的。显宗那么好,可以把人生的道理都融汇起来。显宗也不要觉得密宗不靠谱。宗喀巴大师对显密也是不起分别心的。

仲敦巴说：把佛陀讲的所有的法，都能用到修行过程中的人，这就是我的上师。

我们在生活中会有很多干扰，如果在生活中讨论谁修得对、谁修得不对，这种争论没有意义。如果你已经学了很多，修到很高的程度，在修行中的讨论才有意义。修行的关键是改变自己的内心，怎么理解佛法，怎么用于调整自己的心，而不是去讨论别人的对错。广论教的修行方法，都是在生活中修行能用的。

广论利益的第二点，"一切圣言现为教授殊胜"。

广论这本书是修学来成佛的。修习佛法有秘诀或者窍诀吗？佛讲的这些全部都是秘诀和窍诀。修行的诀窍：就是我们在生活中用的时候，所有的佛法，都必须要懂、要去学去用。

要学修并行，不是光听讲课而不修行。有些人是这样的：平时听课归听课，修行里不用，要修行他觉得是另外的事，比如在庙里打坐啊、闭关啊。他们觉得，经论只是理论，不是精华，其他有秘诀的教诲才是精华，才更为殊胜。这个看法是不对的。修行最重要的是你的心的改变，而不在于人在什么地方，心不能改变，窍诀也帮不到你。作为在家人，学到的东西，生活里要能用能修，你也没有那么多时间去庙里。

修行是改变我们的心。寻求怎么改变内心的方法，是我们学佛的原因。如果你除了打坐、念咒，生活里别的没当作修行，就不对了。

阿底峡尊者的弟子修宝喇嘛说：阿底峡尊者所教的佛法，能全部用到修行当中的话，你在一个座位上修，就能成佛。

这就是诀窍。

佛法分为两种，一种是佛讲的法，叫做教法，第二种是你听了佛讲的法，自己去理解了，并且修行成就了，这叫做证法。

教法和证法不可分割。在闻思中所产生的智慧，再修持证悟这个智慧。不能学了那么多，修行的却是另一个。这就如同赛马，第二天要比赛，头天训练时要去比赛的地方熟悉场地，如果明天比赛的是一个跑道，今天去训练的却是另一个，那就没意义了。

广论后面讲到了修行的两个重要方面：止，观。修止就是打坐时修安定，修观就是打坐时修观察。什么时候修止，什么时候修观，这两条路，广论里都很清晰、很细地讲了。

平常打坐修安定，有人觉得很简单，其实真的很难。修止，不光是佛教，外道也会修的，只是修的方式不一样。

一、修止都是要把心定在某处，需要观想一个对象。外道的话，随便观想什么都可以，但佛教需要观想佛像。我们从前开玩笑说，观想佛像很难，心很乱，不如观想个鸡蛋容易。但是佛教弟子为什么要观想佛陀呢？有以下几个原因：1.我们是佛弟子，所有法是佛传来的；2.观想佛陀是有功德的，能得到佛的加持和生起亲近心；3.观想佛像的某一部分，不观想其他很多东西，也容易。

一开始修止，一定要找一个安静的地方，不要找吵的地方。头部直起来，不要向后仰，也不要向前探，这是和气脉畅通有关。要坐在一个舒服的地方。刚开始修止（或观呼吸）时，眼睛不能闭，要眼观鼻。法王在这样教打坐时，开玩笑说鼻子小的人这时能看到鼻子吗？眼看外面的话，心容易乱。但如果把眼睛闭上，就很容易受到干扰，就是我们日后会讲到的打坐时主要的两个干扰：昏沉和掉举。一开始修止的时候，可以放一尊佛像在眼前，先细细看一下这个佛像，再去观想，让自己的心念停在佛像上。不用观想全部的佛像，只要让心安定在一个地方，比如佛像的眼睛，或者眉间毫光——我们观想佛的眉间毫光是有功德的。

最初修止不要超过五分钟，比如一分钟，两分钟。在这一两分钟内可以安定自己的心，再去进行更长的打坐。其实就算安定一分钟都很难的，你以为安定了，其实并没有。

二、刚才说最初修止的两种方法，就是去抓自己的心，其实这就像抓兔子一样痛苦，因为它会不停地跳来跳去。所以修止的时候，我梦见自己在抓马，有的高僧梦见自己抓猴子。如果你刚修了一个月，就认为自己抓到了，那肯定没抓到，你觉得自己安定了十几分钟，我敢肯定其实心早就乱了。如果你产生了"我抓住了""我安定了"这样的念头，那一刻其实心也已经乱了。如果你产生了：心怎么那么难安定，反而说明你有了一点方向。

答疑

问：还是没明白抓的是什么？是念头？

答：抓的是心，要让心能安定在一处。当然不是说让你的物理心脏不要再跳了（笑）。

三、巴利语佛教里的一个方式，观呼吸，对修止很有帮助。

就是去观察自己的呼吸。很深地吸，再慢慢呼出。不去想佛像，去感受自己的呼吸。这其实不是心完全的安定，只是心这样可以跑得慢了，速度慢了好抓。巴利语佛教里修止的方法很多，但我自己用的最多的是观呼吸，觉得很有帮助。

观佛像和观呼吸这两种帮助修止的方式，可以反复交替练习。如果一个方式能让你安定一点点的时间，就继续练习，慢慢拉长能够安定的时间。

不要去观想极乐世界这些，这样其实容易散乱。我们在色拉寺的时候说，其实能安定五分钟就很不错了，一分钟都很难做到，特别累。你们可以自己在家里尝试一下。修止一开始必须观想佛陀，因为所有的法都是佛陀传来的，观想佛陀会让我们和佛越来越近。

答疑

问：师父，修止的时候我们的姿势有何讲究，一定需要盘坐吗？需要双盘吗？

答：只要头保持直着，上半身直着就好，下面腿的姿势没有差别。打坐时盘坐是印度的习惯，但你自己舒服就好，坐椅子上也没问题。只是第一次就要养成上半身的习惯，保持头直，气脉通畅，不要往前也不要往后仰。这个习惯养成好，主要对后面修密宗有好处，密宗里会用到，现在倒是还用不到。盘腿的话，做不到也没关系。本来修止就很累，盘腿的话更累，光去注意腿，就没法安定心了。修止关键是修心的安定。

刚才说的观呼吸是为了抓心，因为心跑得慢了。巴利语佛教还有其他修法来抓心，比如越南有一种修法是走着路去观察，或绕着柱子走。当然也有争论说这样会不会杀生，踩死很多小虫，这样的争论很多。

印度有个笑话，一个印度教教徒到鹿野苑问一位僧人："打坐累了困了怎么办？"僧人说："那就起来一下。""如果再困呢？""那就出去散散步再回来打坐。""如果又困呢？""那就出去到树上运动一下再回来打坐。""要是还是困呢？"僧人不知道答案，于是说："那就去睡呗。"这就成了一个笑话。实际上第四种方式是，把两个装水的碗放在肩头，如果困了水碗就会打翻泼下来。但我觉得，真到那样，人一困，用水碗也没有用的。所以，打坐不要那么累。如果你开始就把自己弄得很累，后面观想就疲惫了、不喜欢了，效果并不好，还是慢慢来，慢慢加长时间就好了。

广论利益的第三点，"易于获得胜者密意殊胜"。

学了广论的话，能懂所有佛陀的法，这就是窍诀。但如果没人教的话，很难懂，有上师讲的话，就可以很细地懂。

广论利益的第四点："极大罪行自行消灭殊胜"。

学了广论，懂得了佛理，很多邪见自然就断了，就不会造恶业了。

佛陀讲的法都是指示成佛的路，但佛陀有时讲得直接，有时需要绕着讲。有了义，也有不了义。如果你没学很多，觉得佛经上讲的不对，就跟其他人说佛经讲的不对，其实并不是法不对，是你的理解有问题。比如，现在我们大小乘共同认可的一点是，"'我'不存在"。这是所有佛弟子都认

可的。但第一次佛陀讲的时候，讲的却是"我存在"。为什么呢？因为那时印度所有的宗教都是讲"我存在"的，大家刚学佛，第一次就讲"我不存在"的话，不理解。所以佛陀那么讲是有原因的，对各种各样的人，也因材施教，讲各种不同的法。所以我们不能说哪个佛经是真经还是伪经。因为我们根本没这个能力分辨，说真伪是造业。因为有些经是对某些人讲的，是帮助了某些人的。

我们西藏的《甘珠尔》一共翻译出版了108卷，这是不是所有的佛经？肯定不全。巴利语的佛经西藏全都没有翻译，梵语的佛经，西藏翻译出版的也不是全部。就像上次我跟你们讲的寂护大师和西藏僧人、印度僧人那时翻译出版佛经的事，有些翻译了但觉得不适合就没有出版，还有些是当时就没有找到书更没翻译过来。宗喀巴大师的书里经常这样引用，说佛经里讲了什么，印度高僧的著作里怎么说。其中，引用佛经的部分，后世就去一一寻找比对，绝大部分都找到了出处，但有四个地方没找到是从哪来的。有人说是不是宗喀巴大师编的？但后来梵语很好的西藏学者又找到了两处，现在只剩两处还没找到，所以肯定不是宗喀巴大师编的。那么这两处就有两种可能：一、宗喀巴大师自己会梵文，他梵文讲得没那么好，但是看梵文书也许能看懂，这些出处是他直接看梵文的佛经时，直接翻译引用的；二、也许那时这些梵文佛经已经翻译成藏文，所以宗喀巴大师看见了藏文版并且引用了，但在后世，藏文版的佛经散佚了，所以我们看不到了。总之，现在《大藏经》里的佛经是不全的。对佛经佛法的态度是，只要对你自己有帮助，你就去学。不去争论其他，不去说对不对。

再补充一些关于修止和修观的吧。

修止也叫安住修，修观也叫观察修。观察修有很多种。观想佛陀时，其实心念还在动，并没安住在某个地方。

为什么要先修止，再修观？修止是抓我们的心。现在科学发现，人脑在一般状态下只使用了20%，剩下的80%都没有用起来。这80%就和安定有很大关系。因为我们的心一直像兔子一样跳来跳去，所以那80%都空跑了。修止的时候，就是为了把这80%用起来。如果你能把大脑用到100%，那你就能更好地修观。因为修观的时候，是观修空性，而空性是什么，是没办法用语言讲的，你用20%的大脑这个速度也是没办法想的。现在我们讲空性，也只是给你一个去想的方向而已。一地菩萨就已经现量懂了空性，但是他修到了也没法讲。修止应该修得越来越聪明，记忆力变得越来越好。但如果你记不住，很容易忘，修得越来越笨，记忆力越来越差，那肯定是修得有问题了。

答疑

问：观呼吸时眼前出现光，我应该怎么办？

答：那你肯定是观呼吸时眼睛闭了，眼睛不能闭。初学者还没有让心安定就闭眼的话，眼前各种颜色各种光甚至鬼都有可能出现。这是不对的。心肯定到处跑。

问：师父，我觉得观佛像要心完全安定这个没办法做到啊，我看着佛像，一会儿把佛像想成自己，一会儿会想佛像；

又会想这个佛像做得好不好，是不是符合佛的真实形貌……如此等等。

答：修止的确是很难的。如果你去想佛像做得好不好，这个心肯定早乱了。修止就是要抓这个兔子一样乱跳的心。有时你好像觉得安住了一会儿，然后问自己：定了吗？这个念头一起，其实心又跑了。就是想要停在一个地方，所以我们才去以佛像或呼吸为缘。念头不能起，要观在一处上。你们自己慢慢去练练，自己就有感受。不能闭眼，不要去思考什么，只是让心停在那。如果去思考了，就拉回来定在那，再起念头，再拉，又起，又拉，这样地练习。

问：有些人主张修止就是什么都不想，像做梦睡觉一样，这样对吗？

答：那就不对了。不能像睡觉一样，还是必须要想一个东西，否则就会像刚才说的，有昏沉或者掉举的障碍。如果你打坐昏沉睡着了的话，说明开始就有问题了。那样越打坐越笨。

必须要观想（一个东西），但是要停下来。如果停不下来，念头一直跑，就再想、再想。如果你像做梦一样，感觉自己去了极乐世界，那其实心早就乱了。

（讲于2022年9月25日）

第四讲　应该怎么听法

今天我们进入下一节的两大点：一、听法应该怎么去听；二、应该怎么去皈依上师。

第一大点又分为三小点：1.听法的利益；2.怎么尊重上师和佛法；3.怎么听法。

1.听法的利益

听法有什么帮助。龙树菩萨《听闻集》中的"由闻知诸法，由闻遮诸恶，由闻断无义，由闻得涅槃"这四句里，前两句是讲六度中持戒的方面：如果不听法，平常不知道什么是对，什么是错，听了课就知道了对和错，可以避免造恶业；三、四句讲的是六度中禅定和智慧的方面：听了课就知道了很多，可以通过打坐禅定来修得智慧。

虽然我们都有眼睛，但是未听闻佛法时是在黑暗的屋子里，什么也看不见。轮回里就象是这样，有眼睛也没有用。眼睛要怎么看得见呢？听法。佛法好比点起明灯，照耀我们看得见了，让我们觉知。

佛陀的《本生论》里也讲了，听课很重要，在学的过程里就懂了很多。举例来说，有关持戒，讲法时就会很细地讲，那么就可以很清楚知道什么时候自己犯戒。否则，不知什么时候犯戒，也就不懂怎样修行。这个道理在生活中其实也一样，就像你学开车，必须要先考驾照学习交通法规，懂得法律上的要求。

宗喀巴大师的书里说，我们在轮回里转了无数次，人身可能也获得了无数次，但是很难见到佛。人身难，见佛难，自己去学法也难。即便在西藏，很多人都认为自己是佛弟子，但真正去修行的人也是很少的。我们不要浪费这个人身，有听法学佛的机会就要认真听、认真学，学了要思考，再去修止修观。知道具体哪个可以学，可以修，可以用起来，什么时候该修什么。

2. 怎么尊重上师和佛法

《地藏经》里说，听法的时候要有恭敬心，要认真地听。听课的时候不能嘲笑上师，要把上师放在很高的位置，自己坐得低，这也是尊重法的意思。

佛陀未成佛之前，与五个瑜伽士一起修行，约好了谁先成就谁就来给其他人讲课。佛陀拜了很多上师，也与鹿野苑的这五比丘一样进行了很久的苦修，但怎么学也无法成就。佛陀觉得这样的苦修没办法成就，就离开了鹿野苑，去喝了牛奶吃了东西，到菩提迦耶附近继续修行。那五比丘见了说，他是国王的儿子，所以吃不了苦修之苦，没办法成就。之后佛陀在菩提迦耶成佛了，回到鹿野苑。那五个人听说了，约好了不理他，只给他让个位置，态度不要很过分，但内心是不尊重佛陀的。但佛陀走得近了，他身上散发的菩提心让那五个人自然而然向他合掌恭敬。佛陀给自己弄了个比众人略高的位置说法（初转法轮），众人就自然而然地坐到了他的面前。也有些故事是说那五个比丘给他弄好了高一点的位置，但西藏的版本是佛陀自己弄的法座。佛陀之所以要弄高一点的位置，是因为他讲的法很重要，要尊重法。后来的传统里法座位置比听法的位置高，是从这里来的。因为听法的人必须要有尊重的态度。如果讲法的人位置高，你自然而然就会尊重；如果讲法的人位置低，你的傲慢心容易生起，自然也不会尊重。

　　还有个关于法座的故事。印度的寂天菩萨，也是国王的儿子。他之前学得很好，所以位列那烂陀寺的五百班智达。但他在那烂陀寺天天睡觉。其他僧人就抱怨说，他是国王的儿子，只会吃喝拉撒睡，实在是太给我们那烂陀寺丢人了。他们商量着要如何把他赶出去，想了个办法：让每个人轮流讲课，想着轮到寂天菩萨的时候，他一定什么也讲不出，到时就顺理成章赶走他了。轮到寂天菩萨时，众比丘用佛经为寂天菩萨弄了个很高的法座。寂天菩萨没说什么，打了个响指就坐了上去。其他人说，看，他坐在佛经上。但其实寂天菩萨打了那个响指，佛经里的字就都飞走了，剩下的只是普通的白书页而已。他讲了伟大的《入菩萨行论》。讲到后面，他就慢慢升高，越来越高，以致于后面讲的部分很多人没有听到。有法力能跟着升高的人接着听接着记，但每个人听到的都有些不同。后来有人找到了寂天菩萨，请他核对，他指出了其中一个人记的是对的，其实他也留了一本藏在自己房间的天花板中间。寂天菩萨从此没有再回那烂陀寺来。

　　现在我们上法座时打响指，就是从这个故事来的。高僧

的传记，后世会变成弟子们的修行，弟子们会模仿他。

无著菩萨的书《菩萨地》（《瑜伽师地论·菩萨地》）里讲，我们要放弃傲慢心，以六个方式来听法。1. 时间准时；2. 心中尊重讲法的上师；3. 行为上也要恭敬上师；4. 上师讲的不高兴的话，不能生气。5. 听了法就按照上师讲的去做；6. 听课的时候，不要去盯着上师的过失和错误。

这六点做不到的话，都是因为傲慢心。尤其是第六个，为什么盯着上师的过失和错误？因为你认为你已经懂了，这就是傲慢心。

这里具体列举几个关于"不要盯着上师的过失和错误"的问题：比如上师出家以后又还俗了，不能对此有什么看法，他讲法就需要尊敬；不要因为上师的种性或长相不好就看不起；不要因为上师口语表达不够好就嘲笑；也不能因为上师态度凶就不尊重。因为各种上师的个性不一样，对不同弟子的教导方式也不一样。

举例来说，宗喀巴大师有一位上师，是传给他中观的，叫做喇嘛乌玛巴。这位乌玛巴上师见到文殊菩萨的时候，文殊菩萨给他讲了很多道理，讲得很细。但是宗喀巴大师本人见到文殊菩萨时，文殊菩萨就很严厉，大致方向讲一下，然后都让他自己查。同样一个文殊菩萨，同一个上师，上师对待弟子的方式不一样，不同的弟子看到的上师也不一样。有的上师很严厉，不能随便问问题，有的上师可以问问题，个性不一样而已，都不能不尊重。

皈依上师以后，傲慢心都要放弃。如果上师讲的你觉得没有帮助就放着，但不能误解。如果你误解了，那就是恭敬心出了问题，自己的修行会出问题的。这一点我们在之后"如何皈依上师"一节中还会仔细讲。

3. 怎么听法

具体分为三个问题（闻法的过失）、六个想法来讲。

三个闻法的过失，具体来讲：

（1）像一个接收甘露的器皿一样，碗不要倒扣，口不能朝下，而应朝上，即应该把耳朵打开尽量去接收、听闻佛法。听课的时候就要认真听，否则上师讲了一百个道理，也听不进去。

之前我的一位上师，讲课从来不看书，看着天上，也不看我们。有一次，他同意了一个弟子的请法，决定中午不睡午觉单独来给弟子讲。上师看着天空讲了很长时间，结果一看弟子已经睡着了（因为印度南方非常热），上师说，明天你不要再来了。我们现在这样讲一个小时还好，在印度时听法真的很辛苦，天气热，时间又长。法王讲课通常在上午八九点，讲到中午十二点，或者下午一点多讲到四五点。我们仁波切还好，有专门的通道可以不用等待排队。普通的出家人和在家人需要五六点钟就起来排队，一个一个通过检查入场，真的很辛苦。

（2）器皿中不能不清净，不能有自身的杂质垃圾。碗不干净的话，干净的水倒进去也依旧没法喝，也就是一边听法一边有自己的怀疑。所以我们的心要天天观察，不观察的话，心什么时候不干净了自己也不知道。课讲完了你记了多少，又有多少是把自己想的加进来？现在的人想法更多，所以我不让你们去查网络，而要问上师。因为网络上很多内容

都是他们自己想的、自己理解的，不一定对。

看重要的书的时候，一定要能融汇。上面讲的，下面讲的，全部都有联系，不是割裂的，全部都是统一的。一个一个的道理往下走，佛经要全部能够贯通，不能只听一个，因为有很多的意义，不同的角度，不能简单地理解，前后都要看。

我给你们讲完广论，你们就有一个修行的方向，但不要说都懂了。我看了很多遍广论了，但每次都还是觉得自己没懂的很多。

水要喝干净的，听法不要去混杂自己的想法。

（3）器皿不能是漏的，即不能一边听一边忘，而是听完了仍旧要反复思考，依法实修，才能记住师父所讲的。碗坏了的话，听了觉得讲得很好，但是没记住，或者记忆很差。对治的方式有两个，一是要有兴趣，二是要认真听认真学，可以抄，可以反复去思考去想，这样就能记得清楚。僧人的反复辩论也有这个原因，反复辩论让人印象深刻，对人帮助更大。

我不让你们录音也有这个原因。录音太方便了，会导致两个问题：一是听的时候不认真，想着之后还能听录音；二是上课之后其实录了也不听了，我自己录了很多磁带，是为了自己的兴趣，但事后没有一次再听的，因为没时间。与其如此，不如上课时就认真地听，很细地听，记下来。

六种想法这次来不及讲了，下次再讲。你们有什么问题吗？

答疑

问：上次讲到修止时要用佛像，我们请的佛像有什么讲究吗？

答：观想时必须要用佛像而不能是唐卡，修行的时候要很细地去看去观察佛像，但观想的时候不能观想你用的那个铜制或金制佛像，而是要去观想真正的佛，一个肉身完满的佛，佛身是金色的。

不允许用唐卡的原因是这样修行会出问题。有这样一个故事，有个修行人持咒修大威德金刚，他持咒是有功德，但是慈悲心没修到，后来因为傲慢心，死后变成了鬼。但是这个鬼长得和大威德金刚一样，也很凶，护法们谁也不敢去抓这个鬼。后来有一位护法，转到这个鬼身后，发现他前面虽是大威德金刚的形象，但是后面什么也没有，五脏六腑都看得清清楚楚，就这样制伏了那个鬼。如果只拿唐卡去修的话，后面就会没有了，没有完美的佛的身体。

问：仁波切，请问修止的时候要观想整个完美的佛身，还是像您上次说的观想佛的某处，比如眉间？

答：先去观想整个的佛身，再集中精力在佛身的某个地方。

问：我们用的佛像有什么讲究吗？不是寺庙里请来的可不可以？另外，有种说法是画师不能够拜自己画的佛像，这种说法对吗？

答：所用完美的佛像需要装藏。但这个现在似乎只有西藏的寺庙才有，汉地很多寺庙的佛像没有装藏。装藏佛像这个和之后的密宗修行有关，装藏佛像的好处，佛经里写了(《造像量度经》)。但是如果你们没条件请到那样的装藏佛像，没那么完美，普通佛像也是没问题的，只要是佛像就没问题。佛像不存在雕得美丑，都要当作佛来恭敬。有两个人拿了一尊佛像来问阿底峡尊者：这个佛像是否漂亮。阿底峡尊者回答：佛像没有漂不漂亮之别，只是这个造像师一般。没有画师不能拜自己画的佛像这样的说法，只要是佛的画像，都应该像对佛一样恭敬。

(讲于 2022 年 10 月 2 日)

第五讲　听法和讲法的条件

接着上次的，细说弟子听法时应具备的六种想法：

一、听课时把自己当成病人。病人是医生说什么，比如吃什么药，病人就会很注意，很认真地听医生的话。

噶当派格西迦玛巴说，我们确实是病人，贪、嗔和无明这三种最根本的烦恼就是我们的病，让我们在轮回里这样不停地转，我们觉得自己没有病，其实烦恼就是我们心里的病，只是我们不觉得。我们觉得很多是"我们的个性"，比如有人爱生气，比如有人有傲慢心，其实全是病。现代人已经把抑郁症这些当作是病，是心理疾病。其实，这些都是因为没有办法控制心，所以才有烦恼。

认识到自己本来就是个病人，听课的时候就会认真听。就好像生了什么病，医生告诉你这个病不治疗明天就会死，病人肯定会害怕，会听医生的，怎么说就怎么治。死都害怕，在轮回中无休止地转下去就更应该怕了。

二、把上师当成医生。

三、把佛法当成良药。

四、有了佛法这味对治烦恼与无明的药，我们得吃下去，

才能治病。

即便认识到自己的病，即便有了好医生，不吃药依然没用，治不了病。

佛陀说，我可以给你们讲课，但你们要自己修行才行。

我们自己要学，自己要懂，自己要很细地知道那些烦恼——也就是自己有什么病，这样才能仔细地吃药。否则也是没法治的。

医生会跟你说，这个病你不能喝酒，每天要吃药三次，你会照做。听师父讲法也一样，你听了法，天天观察自己的内心，自己去想。如果天天不注意，不吃药，那肯定没有办法。

不能只修几次就可以了。比如你天天就只打坐，觉得那很简单，但病是复杂的，我们身上有很多不一样的病，都要去治疗才行。你要知道全部的病，不能只注意一点而已。

生病和我们的心很有关系，心是多方面的。生了病，医生让你吃饭上要注意，也要吃药，你就全都要照做。修心也一样，要压制住自己的贪心、嗔心、无明各种烦恼。比如今天生气了，说了不好的话，自己有这样的想法就观察自己的心，像之前我提到的噶当派的修法那样：白天四次，晚上四次地观察自己的内心。

只有当自己是这样的病人，才能做到上述四点。我说的病人不是指身体这样或那样的不舒服，不是的，而是我们心里的病。所以第一点最重要，有了第一点，真正把自己当作一个病人，真的想治好，后面几点就自然而然做到了。

五、要把讲法的人，把上师当成佛陀一样来尊重。因为佛陀的法只能是上师来讲，我们没办法直接见到佛陀，这就是为什么我们要把上师视同佛陀一样尊敬的原因。听师父讲法的时候不当作凡夫想，是有功德的。

六、听课听法不能听一次就完了，要继续不断地听，需要更长的时间听而不是一两次。因为烦恼无明是长期的病，不是一世两世而是千百万年的病，因此不能妄想修一两天就治好这个病。修法是需要长期坚持的，这样才能治好。

听法是难得的机会。我们听法的原因，一是为了帮助自己，二是为了帮助众生，帮助更多的人。平时如果我们想知道脸是不是干净，就要看镜子；同样如果我们想知道心的烦恼，自己就要像照镜子一样经常观察自己的心。

我们要想，成佛就是为了众生要成佛，就必须知道怎么才能成佛："怎么成佛"是因，"成佛"是果。没有因，就没有果。所以需要知道很多，需要去学，这样才能很细地去想怎么成佛的路。有成佛这样的发心去学才行，而不是"为了学习知识"而学。

有些人说，现在世界很乱，所以我要修行。不是说这样就不可以，但是大乘有更大的目标，为了帮助更多众生才去修行，这样的发心，功德是更大的。

如果你觉得世界很乱，应作如是想：这是所有众生的痛苦，不是你一个人的。就像现在俄乌两个国家打仗，不是这两个国家的痛苦而已，大家都感受得到压力。那么就发心"我要帮他们解脱轮回"，以这样的发心去修行。

接下来，我们讲上师讲法的四个条件。

一、讲法在什么情况下有功德，有什么功德。

二、应该怎么样尊重上师和佛法。

三、上师怎么去讲课，应具备怎样的想法去讲课。

四、什么情况下可以讲法，什么情况下不可以讲法。

接下来我们一条一条细讲。

一、讲法在什么情况下有功德，有什么功德。

讲法应不追求名，不追求弟子的供养和尊重。讲法的原因，应该是为了帮助更多的众生，讲懂了好让他们能去修，从而帮助到他们。

内心很干净地去讲法的话，会有很多功德。

比如对佛法的记忆力会变得更好，增加智慧，贪心、痴心也没了，等等。

我在色拉寺的时候，很烦讲课。我的上师让我讲法，我找借口一拖再拖。上师说你肯定是不想讲，但我希望你去讲，这样自己也可以得到更多的帮助，而且你以后肯定要讲法的。

到了美国以后我讲法，后来回顾人生，讲佛法讲佛理的时候，我很开心，能够帮助到他人我很高兴，功德也更大。上师当年说的是对的。

科学也许可以帮我们医治好身体的病，但更重要的其实是心病。心病，在我看来，是只有佛法能治的。现代心理学家越来越重视佛教。

心理医生治疗的方式就是听病人天天讲，这样他们可以了解病人了解得很细，知道是什么病。但是怎么治？这方面却没有很大的帮助，帮不到病人，实在没办法了，最后就给药——"吃药呗"。

佛教的方式治疗心病是容易的。关键在于，想不想治？抑郁症啊，心里的病啊，根本原因其实都在于烦恼。佛教知道是哪个烦恼，哪种病，就很容易知道对治的方法。八万四千种烦恼，每种烦恼要怎么改怎么治，佛经里都很清楚地讲了。

所以说，心里的病是肯定可以治的，但是自己究竟能否治，要看发心。有句话说，没有发心的话，就像一根绳上没有钩子，是怎么抓也抓不到东西的。首先要想治，接着就能治。

有人问：西藏有心理医生吗？有位仁波切说，我们仁波切都是心理医生（笑）。当然仁波切和心理医生表象上是不一样的，西藏的在家人把仁波切当神，自己什么病、什么问题，什么都说，觉得仁波切都能治。我们也像心理医生一样要听他们说，然后再讲，实在没办法了就念经，从这一点来说，仁波切真像心理医生（笑），也确实帮助了很多人。他们觉得仁波切有法力能帮助，但是他们自己不去学不去修的话，你也没有办法，最后只能是念经呗。真正要治疗是自己想改，而且能改，才能治疗很深的心理病。

二、应该怎么样尊重上师和佛法。

佛陀以前讲法都是自己设好座位，会把自己的法座弄到比听众略高的位置，这是为了让听众明白对佛法需要尊重。如果位置太低，听众心里对佛法就没有那么尊重。佛陀都这样尊重佛法，你当然也要尊重佛法。

三、上师怎么去讲课，应具备怎样的想法去讲课。

讲课的话，就要按前面说的五种想法（听法应具备的六种想法中，第四种除外）来讲法。还有，不要嫉妒别人讲得比自己好；不能像我从前那样推托；不能傲慢，觉得我很厉害；不能说别人讲的不对。要想着讲课可以得到什么利益：不是世俗的名利，讲课的原因是为了帮助众生。

讲课的时候上师要先把自己弄干净，讲法的位置弄干净。还要念咒以清净。讲课时可能会有很多干扰。西藏讲课的方式常是法师课前念《心经》。念《心经》的原因是，《心经》讲的是空性。"色即是空，空即是色"，这样时时提醒自己。鬼从根本上，是自己心里造出来的。这样才能铲除鬼。

铲除鬼，因为它们会在讲课时干扰你。有时候福报不够，就会有鬼打扰，修行就会出很多问题。

答疑

问：这里说的要铲除的鬼，到底是真的有，还是幻想出来的？

答：鬼有很多，有时是自己幻想出来的。老觉得有鬼，其实全部都是自己的幻觉。有些鬼没有身体，吃的是烟，也有一定的法力和能力。都是有法力的，那什么是神？什么是鬼？帮助你的时候你就说是神，害你的时候你就说是鬼（笑）。其实鬼和人类一样也是众生，现代人可能会说鬼是外星人（笑）。美国有个电视剧，他们把各个宗教里的神和密宗的本尊都说成是外星人，说咒语是给外星球发信号的。我一开始觉得很好玩还看了一下，后来发现他们都是瞎说。

四、什么情况下可以讲法，什么情况下不可以讲法。

比如不能给躺着的人讲法，因为他不尊重佛法；不能给站着的人讲法，他也是不尊重法，好像很急随时要走的样子；听法的人位置高，讲法的人位置低，也不能讲法。

听法的人要能真正认真恭敬地听,道理才能懂。

有人就学了密宗几个咒,觉得修行很容易。其实这是不对的。只学一两个法,肯定不能算真正懂法。要细细地知道了,自己才可以思考。

因此刚才我们说的,把自己当作病人很重要,知道自己确实是个病人很重要。怎么把自己当病人呢?就是有自己想改正治疗的心,重要的是你自己想要修行,有解脱轮回或者成佛的心,那你才会真正去治疗、去修行。如果去见医生,只是为了听一下这个医生讲得怎么样,那肯定不行。如果你觉得自己没病,那肯定也是治不好的。

有些人心情不好,或者生活上出了问题,他因此要去修行。结果修了一两个月就完了,不再坚持。没有决心的话,就学得不深。要时刻提醒自己——我有病,是贪嗔无明;这些都是我们共有的病;我因为不懂,所以做错了很多;也是因为不懂,所以怀疑了很多。

贪心,我们谁都有。不光只是贪什么东西,还有贪名,等等。嗔心,就是爱生气。你在生气的时候,总会觉得都是别人的错,所以我会生气。但是你要认真去思考,跟别人有什么关系?去挑着别人的错而生气,没有意义。

如果你去注意了这些,就会想改。有些人不想改,就说,这是我的个性,没办法改。其实这都是借口罢了。个性我们人人有,个性是从哪里来的?你出生的时候就带来了,因为你出生的时候大脑里就都是烦恼了。

噶当派有个修行人奔公甲,天天练习观察自己的内心。他从前是小偷,后来做了出家人。有一次被在家人请到家里

念经。在家人因为他是出家人，就很信任，留下他一个人在屋子里，跑出去做饭了。这个修行人看见桌上有一个银制的酥油灯盏，又忍不住想偷。但他观察到了自己的内心，就用左手去抓偷东西的右手，大喊：有小偷！在家人赶紧跑了进来，发现出家人正左手抓着自己的右手喊。我们观察自己的内心，修正自己的错误，也要像这个故事里的出家人一样。

修行的秘诀和方法，一开始学的时候就不能错。如果你第一次学错了，后面当然也就错了，怎么都是错的。佛经里有句话，十五的月亮是圆满的，但如果你最初算错了初一的时间，后面十五一定也是错的。

这就是我们讲怎么听课和接下去讲怎么皈依上师的原因。修行的根，就是皈依上师，修行的最后，是成佛。如果在修行的根上就错了，后面全部都会错的。下周我们开始正式讲广论，讲怎样皈依上师。

（讲于 2022 年 10 月 9 日）

第六讲　如何皈依上师

今天开始讲如何皈依上师。

先补充一下上周我落讲的部分。

上周讲到上师在什么时间、什么地方可以讲法，什么情况下不能讲法。佛陀有一部讲出家人如何持戒的经，里面说了，对不信佛的人不可以讲法，没有请法不可以讲法。所谓"发扬光大"，从佛教的角度来说是不准确的。别人没信，你不能去讲。这其实也是佛教宽容和尊重人的地方，别人不想听的话，不能硬讲。甘肃有一座拉卜楞寺，是当时一位学问很好的上师建立的。庙虽然造好了，但这位上师迟迟不讲法。就有出家人去问：您怎么不讲法呢？上师回答，你们没有请法，我就不能讲法啊。所以，讲法都是弟子前来邀请上师，然后上师才讲。不能去主动宣传佛教佛法，这个按佛教来说是不对的。

下面讲今天的正式内容，怎么皈依上师（"道之根本亲近善知识轨理"）。

首先是总述（"令发定解故稍开宣说"）。

修行的根本是皈依上师，有了这个根本，然后才能去修。

因为我们去学习，去修行，必须要拜老师。博朵瓦写了本有一百多种比喻的"道次第"（《博朵瓦语录》），其中有一句话，意思是：依止上师是修道的根基（"总摄一切教授首，是不舍离善知识"）。有些东西可以自己学，比如怎么用电脑，很简单，我都是自己看着学的，没人教我。人生有很多道理，你没有上师，光自己看，也能学。但是如何成佛和解脱轮回，没有人讲的话，是学不会的，修行的路也是没办法懂的。辩经很难，没人教也是不懂的。我有一位很好的朋友，一位仁波切，去了台湾，他学问特别好。他说遇到很多在家人，他们怀疑上师，说没有上师，靠网络上自己看着也能学。其实真正做修行人，没有上师是不行的。你要去网络上学，查什么东西，就觉得自己懂了，那只能说是玩而已，不是真正的修行。

你真正学得怎么样，只有通过修行才能验证。有些人讲得很厉害，不等于他修得很厉害。每个人修行的路不一样。即便同一个上师，不同弟子修的感受也不一样。如果要把每个人的修行感受写下来，那太多了，写不过来的。要是真有这么一本书，也会太乱了，书只能大概讲一个修行的路。道理有很多，去修的话有不同的感受。上师自己真正修过，就能知道弟子遇到什么样的问题，然后给予针对性指导，书是做不到的。但这要弟子真的愿意去修才行，而不是光去念书而已。之前我们讲了修止的初步修法，我相信你们实修时就会遇到各种各样不同的问题。

真正走上修行的路，第一是要决心当个好人，能这样就已经很不错了。有些号称自己是修行人的人，连个好人都不是，这怎么是修行人呢？好人都不是，就不要说慈悲心这些了。

如果没有外界的事物打扰，没人干扰，在庙里谁都可以觉得自己是修行人，这个容易。但是哪天谁来骂你了，这时候是不是修行人就能看出来。骂了你就生气，那不是修行人。骂了你你却不生气，觉得做好了自己就好，别人骂是别人的事儿，那才是修行人。这说起来容易，做起来很难的。又比如今天掉了个钱包，里面有钱和重要的证件之类，就咳声叹气睡不着，肯定不是修行人。

很多道理谁都可以讲，但是真做到是很难的。要做个好人，比如不去杀动物，不撒谎，过去时代能做到，现在却越来越难了。比如以前可以做到不撒谎，现在每个人都拿了一部手机，在手机上就可以随处撒谎。有位高僧说，现在的人认为自己聪明，不是的，其实现代人烦恼更多了，只是认为自己聪明而已。

在现代，发了心修行，只要心里真正决定做一个好人，就已经是准备去做修行人了。不要一开始讲特别大的话，不要轻易说大慈悲心、菩提心。现代人做个好人都不容易，可能很多人会看不起你，比如其他人要说谎拍马屁才能生存，你没有这么做。真正走上修行之路不要顾虑很多，也不是非要去庙里修行。经常意识到能够去帮助别人，也是帮助自己，给自己积累功德。

具体讲以下几点：

一、上师的条件（"所依善知识之相"）

二、弟子的条件（"能依学者之相"）

三、怎么皈依上师（"彼应如何依师之理"）

四、皈依上师的功德（"依止胜利"）

五、没依止上师的坏处（"未依过患"）

巴利语系佛教和梵语系佛教里，对上师的定义有一些不同，我们这里所讲的是梵语系佛教的上师，广论里的上师。这里最重要的是广论里定义的上师。

一、上师的条件（"所依善知识之相"）

弥勒菩萨的书《大乘经庄严论》里讲了上师应具备的十个条件，分成四个部分来讲。

1. 持戒、禅定、般若。

2. 上师要比弟子学问好，精进，对讲法有精进心，而且他学过更多的佛法。

3. 懂空性，智慧，口才好（口才好的意思并不一定是讲得多么美，而是他讲课时能懂、能知道弟子的心，所以他知道怎么讲，讲了弟子能听懂）。

4. 慈悲心。跟弟子很近、很亲，知道弟子的感受，哪怕弟子反复提问也不会烦。

知识调伏、静、近静，
德增、具勤、教富饶，
善达实性、具巧说，
悲体、离厌应依止。

持戒。要调伏弟子的话，自己修行不好，是没法调伏弟子的。自己没有修，就没办法去讲怎么修的这条路。

有关上师的十个条件里，最重要的就是第一句里的这前三个。持戒做得好，至少是个很好的修行人。有些道理书里没有，就像刚才说的，写不出那么多。所以只能靠上师传承给弟子。广论的传承大概有三种：第一种是听到上师把经文全部念一遍；第二种是在传的过程中讲解；第三种是上师讲后，弟子去修，弟子修得有一点点成就，就把自己的觉受体验讲给上师，然后上师再继续讲。

禅定。修行必须要修禅定，这是无论显宗还是密宗都绕不过去的基本能力。很多人修行的问题也都出在这上面，出在打坐上。怎么去打坐？很多人很迷糊，市面上、网络上有各种各样的说法，有很多是错误的。比如：打坐就是什么都不去想。现在全世界很流行打坐，美国也流行Meditation，但是打坐的原因各不相同。有些就是说为了身体好。佛教的打坐原因就是修止、修观，而且要先修好止，后面才能修观。就像慈悲心做到了，再可以说修大慈悲心和菩提心。止都没修到，哪里能修观？好多人根本没有学，但是把佛教里最高的那些词拿来用。

我此生希望真正的佛教留在这世界上。但现在会有人乱用很多词，歪曲了佛法中的原意。比如现在动不动就说谁谁是大学问家，用很大的名词形容。这些很大的名词早就用完了，那真正的大学问家来了用什么名词呢？大大大学问家？那没什么意思了。在佛教里，用一个词有用一个词的原因，比如"班智达"这个词，以前被称为班智达，需要具备很多

条件：五明都能讲好，懂五部大论，懂占卜包括天文历法，懂医药，还要懂怎么给唐卡和坛城打格等等仪轨，懂梵文……现在随便都叫班智达，根本达不到这些要求。

　　第七世香萨仁波切是一位真正的班智达，他所有的都懂，因为他写的很多书涉及到各个领域，所有的都有。

　　有人什么人都叫班智达，他叫的那个人可能连佛教都没学，还是个在家人呢。

　　回到讲禅定，Meditation，修止的原因实际是因为人的思想太多了，就像碗里的钱撒了一地，得把钱一个个抓起来聚拢在碗里，才能算出有多少。思想太乱了，修止就像缝针一样，把智慧缝起来，这样可以思考得很细，更增加智慧。思想越来越散乱，记忆力就会越来越差，修止可以让记忆力越来越好。有很多高僧记忆力很好，很复杂的经文咒语，他们觉得很简单，念两三次就会背了。修得更好的话，一次就记下来了。

　　为什么现代人的记忆越来越差，现代科学说是因为用手机啊什么的，我觉得不止科学说的那些。是现代人根本就不想记。从前每个人的电话我们都要用脑子记，现在连自己的电话都不记。大脑不去使用，就像车一直放在那长时间不开一样，就不好用了。打坐是为了智慧的增加。修止的原因跟大脑使用的方式有关，是为了充分使用大脑，为了智慧的增加。修了止，接着到了修观。修止外道也有，但修观是佛教所独有的，因为只能观空性。

　　修止的时候会出现各种各样的问题，我相信你们开始修以后就会有，人与人遇到的问题都不一样。上次我们已经讲了修止的基本方式。密宗里也有修止的方式,也可以用,但初学者可能会出问题。一个上师看到了你出的问题,因为他自己修好了,就知道怎么回答。

所以说前三项是上师条件中最重要的,有了前三个条件,后面的就算是不全或没有,也没有太大的问题。

作为上师去帮助众生是很快乐的事。因为你在人生中自己遭遇痛苦,就会想到众生也是如此,有同样的痛苦。这些痛苦他们没有办法解决,哪怕你能帮助到一点点也很快乐。各种宗教的书我也都看过,但是我个人认为最终能够根本帮助到众生的还是佛教。就是我们前面说的,听法的人真把自己当病人的话,佛教是真的能治,我就很高兴。以前我特别讨厌讲课,经常耍小聪明推诿不去讲课。后来我的上师让我去讲课,我发现真的能帮助到众生、哪怕只有一点点的时候,我真的很快乐,所以很喜欢讲课了。刚才说上师的十个条件,不是说我全具备这些条件,但我确实很努力争取做到。

具备这些所有条件的上师,这世界上一共大概只有几个,但很多也没办法给我们讲课。

下一个条件是上师要看很多书,要学问很好。

再下一个条件是上师的口才和智慧。最重要的是讲了这个课,你们懂了。有的上师口才很好,讲得很美;有的上师口才没有那么好,但能给弟子讲懂了也行。最重要的是上师自己修行要好。修行好的上师,哪怕没有用那么多的词,弟子也能感受。如果上师修行不好,哪怕用很多的词,弟子心中也没什么感受。重要的是讲了课对弟子能有帮助,而不是讲什么很大的道理。这就需要上师修行好。

修行好还体现在上师要具备慈悲心这一点。讲课不是要去求什么，不是为了炫耀自己学问好，对你们有帮助就可以了。慈悲心还体现在反复讲过以后，弟子反复问，上师也不烦。

上师的这些条件不完全具备的话，有几个也好。比如有的上师对反复问问题会烦。以前拉加寺有一位学问很好的上师，经常会对弟子提问，如果弟子回答不上来，他就会说："牛（一样笨），你别再来了。"

下一个条件是学问好。上师要比弟子学得好，才能教。西藏很尊崇转世，就是你们说的活佛，所有的转世都被当作上师来拜。有一个僧人，寺庙里大大小小的事都归他管。有一次一个大法会，来了很多老出家人、格西。上面坐了很多仁波切，下面坐了讲课的老师，可是位置不够了。那位管事的就对上面的仁波切说，"金子做的空花瓶，全部都往上坐，真正有学问的上师，却没有地方坐"。有时我们说，没学问的仁波切，就像没装藏的空佛像。

这一点上，三大寺特别好。家乡的老师都不敢说我什么，有什么事都要夸着说，有时候夸得太高了，渐渐自己也认为自己是个不一样的人。我十三岁被认定为仁波切，在那之前特别调皮，突然一下成了大庙的寺主、仁波切，被当成佛像一样供着。我有洁癖，看见脏的东西想捡起来，旁边立刻就有出家人冲过来，帮我捡起来，我是不能动的。我渐渐觉得自己成了个废人。有一次看见佛经里有好句子想抄下来，结果提起笔，发现最常见的字都不会写了。出家人赶紧过来帮忙写。在家乡就是这样供着我们。

后来去印度三大寺，他们对我们不像家乡那样照顾，和对普通僧人一样,上来就辩经,辩经辩不过,他们一样拿念珠在我们头上转。(藏地辩经制度,赢者在输者头上用念珠绕三圈,说"羞"。)我们生气也没用,后来索性放松了,把自己当成普通人。有一次我生病了,法王让我去见他。我们当时买不起飞机票,只能绕道去新德里。从南方我所在的地方到新德里需要坐两天两夜的火车,一般是卧铺,但这样的火车需要提前买票。因为事发突然,为了早点到新德里,我只能买普通的很便宜的火车票,两天站着过去。那种火车人挤人,有人要上厕所的话,是要在人身上扒来扒去地钻出一条路来。西藏人当我是仁波切,不一样,我未曾有过这种火车上的体验。结果那一次,一样被人扒来扒去。我心里就想,我如果真是菩萨,就有能力,别人也不会把我扒来扒去,我和普通人有什么不一样呢?没什么不一样。

所以到了印度,我懂了普通人的痛苦。有人问我来印度后悔吗?我说不后悔,因为只在家乡的话被人供着,感受不到普通人的痛苦。在印度学到了,对修行有帮助。痛苦就是我们努力修行的助力,因为有了这些痛苦我们才会下决心去修行。痛苦是心的痛苦,没有人能帮你解决,只能靠自己。像平常孤独寂寞这种,需要有人陪。但修行别人帮不了,修行就是把自己的心调整过来。

(讲于 2022 年 10 月 16 日)

第七讲　上师最重要的特质

今天我们继续讲怎么皈依上师。上次讲了作为上师的条件，一共有十个，前六个是上师自身的特性，后四个是他能帮助到众生的条件。

我们去寺庙时，会看到庙里刻着佛陀讲的四句偈："佛说罪莫能洗涤，佛手无能取众苦，佛证无能转他人，唯示法谛得解脱。"这四句反映了佛教的看法，也是佛教的定义。

第一句的背景是，印度教徒认为恒河水可以洗涤自己的身体，自己的障碍、罪业也可以洗干净。有人会问：佛教里也有甘露水，这和印度教里说可以洗净罪业的恒河水一样吗？他们对佛陀这四句偈有怀疑。其实，印度教认为他们去洗，是洗干净自己的罪业，佛教密宗里的甘露水也可以洗掉一些脏的东西，洗掉干扰修行的东西，但却洗不掉烦恼和自身的罪业，所以这两个不一样。第二句，佛没有办法像去掉你肉中的刺一样去除你的烦恼。第三句，佛自身修得的法力传不了你，不是他不想传，是没有办法传。第四句，佛陀只能是通过讲法，你自己去学去修，从而获得解脱和成佛。

佛陀讲的法，都是他自己的经历和修炼方式。有时我们看文学作品,比如诗歌,可以瞎写,可以创作。但是佛陀讲的法,佛陀的故事,都是他实实在在一步步修行的经历。历代高僧的故事也是,他们都是自己修行成功了,所以他们的故事对众生有帮助。佛陀示现他本来是一个凡夫,怎样一步步修成、解脱、成佛。他告诉我们,我是这样修成的,你们也可以。

每个人心中都有佛的种子。有的教派说每个人心中都有佛。但其实 ཪག་མེད་སེམས་ཀྱི་ས་བོན།（佛的种子）和 སངས་རྒྱས།（佛）,藏语的两个词用字不一样,格鲁派不用"每个人心中有佛"这样的表达。有的教派说人人心中有一个佛,这在辩经时就会遇到这样的问题:你说人人心中有个佛,那么人人心中的这个佛,有能力吗?因为真正的佛是有我们常人所无法理解的无限能力的。他们就会说,人人心中那个是佛,但没有能力。这样的话就不通了。所以人人心中是有个佛的种子,而不是有佛。这个种子长不长,要自己修。现在有些科学家说,人性是善良的,其实应该是说人的本性有佛的种子。但正如种子发芽生长开花结果需要阳光雨露土壤养分多方面的条件,比如水多水少都不行,人能否成佛也是一样。在这个问题上大小乘的看法不同。小乘不认为人人心中有佛的种子。唯识宗里有一种观点认为,不是人人都会成佛,比如阿罗汉和中佛(独觉)就是他们最终的成就了,如果说人人心中都有个佛,很多事难以解释。

有人也许会说,既然人人都可以成佛,那我就躺平不修行。当然咯,你躺平的话,没人会抓着你成佛,但你越躺平,在轮回里转得就越久,痛苦就越多。我们在世俗世界里生存,

聪明人往往会对未来的事早做准备。比如出去旅行两三天以上，一定会准备路上的饭食和饮水，不准备的话就可能会有生命危险。可是真正面对死亡，很多人却不准备了，觉得自己能活七十岁八十岁，还有的是时间。真到死亡无常来的时候，想到要下地狱的痛苦时再修行，是来不及的。

也有人怀疑：到底有没有地狱？不修行，死了以后下地狱，但那个下地狱的人还是我吗？我还能感受到下地狱的痛苦吗？我小时候也有这样的怀疑，觉得那可能不是我，是另一个人，我的记忆都没了，因此我感受不到。这样想是有问题的。死后下地狱，现在的这个我也感受得到。因为人死以后立刻变为中阴身，但记忆是不断的。人再转世投胎来时为什么记忆断了？比如我是十一世香萨仁波切，我死后为什么十二世香萨仁波切就不记得了？因为出生时有干扰，思想没有那么清楚了。也有些人小时候还清楚一些，有过世的记忆，越长大，受到这个世界脏东西的干扰越多，也越不清楚，就不记得了。人死了以后变成中阴身，中阴身转世投胎还要再死一次。但下地狱的话不需要中阴身死，直接就去地狱了，所以人能尝受到地狱的感受，而且感受会很清楚。

为什么佛陀要讲佛法？他是在告诉我们，人人都能成佛，我可以成佛，你们也一样的，也一样可以获得解脱成佛。刚才说的那四句偈是佛教的定义，在这样的定义下你可以看到，法力是不能传递给别人的，要靠自己去修行。上师讲了修行的路，但自己如果不修，是没办法的。有人说看到有些传记里，上师给弟子传了什么观点，传了神通，弟子就成就了。但这其实是需要上师和弟子的特别缘分的，需要缘分圆满，否则上师也没办法传给弟子，这部分是故事里看不到的。

我们接着讲上师的条件。

口才好。口才好的上师讲了弟子能懂，那样也帮助更多。再就是上师需要有慈悲心。好的上师不是为了名誉或财宝去讲课的，而是真为了帮助众生。噶当派的上师经常会用"我的儿子"这样的词来称呼自己的弟子，这其实是有很亲近的意思。有慈悲心的上师讲课的时候很高兴，弟子反复地问他也不嫌烦，会反复回答。

我们前面细讲了上师应具备的这十个条件。博朵瓦说，这十个条件里，最重要的是五个：三学，也就是持戒、禅定、智慧，还有懂空性和有爱心（慈悲）。博朵瓦的一个上师向尊滚，学问方面没有学过很多，但有前五个特质，是个好修行人，这样的上师去听他讲课肯定也有帮助；还有一位善知识宁敦，他的语言很简单，但也是具有这五个特质，因此简单讲也能帮助到人。口才好的人有很多，但佛教并不是靠讲的。所以这五个特质才是上师最重要的特质。

我们格鲁派有一位赤巴仁波切（甘丹赤巴），他讲法时的语言我们大部分都听不懂。一是因为他有本地的方言口音，二是因为他有很重的鼻音，所以很难听懂。我第一次听他讲法，根本听不懂。

有一次大法会，来了很多记者，也听不懂，就看着他讲。赤巴仁波切讲了很多，说到佛经预言佛教会在西方，也就是西藏的西方，越来越发扬光大。他说到"西方"的时候，就拿手向上一指，绕了一绕。记者也听不懂在说什么，就拿着摄影机对着天上绕着照了一圈，有人开玩笑说记者认为赤巴

仁波切看到了什么佛了（笑）。所以说，根本听不懂，但是他有很多修行很高的弟子。

格鲁派最高的（法座）就是赤巴仁波切，他代表宗喀巴大师。我见过三任赤巴仁波切，他们虽老，但确实一个比一个修行更高。

下面我想讲一下博朵瓦的故事。

之前我们讲过博朵瓦写过一本道次第，有一百多个比喻。从印度传来的大乘佛法，分为深观派和广行派，都由阿底峡尊者传给了弟子仲敦巴，仲敦巴又传给了博朵瓦和谨俄瓦。宗喀巴大师融合了他们两个人的观点创作了广论。

博朵瓦是真正的修行人。我特别爱看这些修行人的老故事，觉得对自己有帮助。我给你们讲讲博朵瓦的故事。

博朵瓦的父亲是信苯教的。博朵瓦小时候，他父亲就教给他一些苯教最基本的修行方法。有一天，博朵瓦还很小的时候，天上出现了各种彩云，博朵瓦问父亲是怎么回事，父亲回答说是好的修行人去世了。博朵瓦说，那我以后也可以么？后来遇到出家人，博朵瓦就跟着他们念经，出家人觉得他很不一样，就收他做了佛弟子。从这一点来看，博朵瓦的父亲也是很不错的——因为当时苯教和佛教的矛盾很大，很排斥佛教。但高僧们的父亲很多是苯教出身的。

博朵瓦成了佛弟子，就各种各样地学。他之前应该见过阿底峡尊者，那时仲敦巴还不在。阿底峡尊者虽然讲了课，但是因为翻译的缘故，翻译过来讲得就很少。后来有了仲敦巴，博朵瓦就跟了仲敦巴七年——也没有很长啦，但是成了仲敦巴最爱的爱徒。博朵瓦后来就在修行上代表仲敦巴。博朵瓦写的道次第用了很多比喻,很多词,因为用了很多方言,也很难懂。

博朵瓦的弟子后来为他写了诗歌体的传记,写得很美,讲博朵瓦是怎样的修行人。其中,第一句的大意是,博朵瓦走的这条修行路,他是既不想当别人的领导,或者说他不想管理寺庙——因为人成为团体以后,就变复杂了——也不想成为奴隶。第二句是,他既不会去做别人不高兴的事(因为很多人做自己喜欢的事,也许会让别人不高兴,博朵瓦不会做这种事),也不会因别人做了让他不高兴的事而放在心里。博朵瓦不会作假。这里作假的意思是,把不好的修行人当成好的。他也不会去和很多人打交道。他不会使劲饿着自己(吃太饱或者太饿都不利修行)。自己宁可吃亏。噶当派常说的一句话是,做事情的时候,不注重名誉,宁可自己吃亏承担委屈。

弟子说的博朵瓦的这些,看起来很平凡。平常人也能做,只要当作目标一个个地去做,又把博朵瓦当作修行的榜样即可。

至于争论事情到底是他做的,还是你做的,这没意义。比如你建了庙,建了塔,供养了佛像,念各种佛经咒语,进行布施……做了这些,福报自然而然就会增加。吃穿不必太过奢华,能吃能穿就行了。还有就是,要有个很安静的地方去修行。

博朵瓦自己讲了应该怎么去修行。有关修行应该放弃什么,博朵瓦是这样说的:

一、要放弃什么地方?自己的家乡和自己的庙。因为这

两个地方会让你产生执着。有些人多的地方障碍多。比如修行人皈依了一个上师，和自己上师关系不好的某些人待的地方，要远离。因为这会对你的修行产生无形的干扰，就是他们的影子落到了你身上都有影响。跟自己上师关系不好的人不能打交道。干扰你修行的地点都放弃，离得远一点。

二、要放弃什么人？比如，什么样的朋友不能打交道？首先是和上师关系不好的人，那样要在庙里打起来了，那样的人会在所有的地方干扰你。其次是他的看法和你的看法、价值观完全不一样的人，比如他喜欢发财，要去求那些世间的名利地位，但你喜欢修行。再者，个性人品不那么好的人，比如贪心的人，不靠谱的人。最后，要放弃自己的亲人。我们有个比喻说，轮回是监狱，亲人就是看守监狱的狱卒，你在意家人，于是总是在这里转，有各种纠葛的话是很难摆脱轮回的。

三、要放弃什么吃食？肉、酒、葱。密宗也有几种食物的禁令，一开始修的时候是不能吃的。还有供养给出家人的食物也不能吃。

四、要放弃什么穿的？动物皮做的衣服，或者特别好看的衣服，都要放弃。因为有好衣服就助长了贪心，就会困扰在这上面。

博朵瓦也正面讲了怎么修行，修行需要些什么呢？

首先，成了佛弟子以后，看什么书修行呢？就是学道次第，学三士道，学佛陀的经，都要学得好。

其次，修行需要皈依一个好的上师。这样的上师不用很多，有一个就够。刚才说的那些做上师的条件，符合这些定义的,就赶紧去皈依亲近。把上师的路当成榜样,然后自己去修。

第三,修行需要持什么戒?自己能做到什么,就去持什么戒。比如居士戒,对自己说,从今天开始我不喝酒,不杀生,不撒谎。发了这个心就要真正地去做,认真持戒,更多地去学习这个戒律。这样的事人人都做得到,简单去学就好。

有这样一个笑话,有一位仁波切给一个老太太讲法,老太太听完了说:你讲的这些功德,一个比一个大,一个比一个好,我听了很欢喜,觉得上师你肯定去极乐世界,我这个老太太去极乐世界也有希望。但仁波切又给老太太讲罪业,老太太听了之后说,你讲的这些罪业,我听了觉得我这个老太太死后肯定是下地狱了,你这个上师也很危险。

佛经里讲的没有哪个是不重要的,都重要,一个比一个更重要。我们怎么去学呢?要有顺序地去学,不是一下子就都学了。学了以后,要在智慧上进行思考,也就是禅定。慢慢的就做到了,慢慢就可以做得长久了。

修行有什么秘诀吗?没有秘诀,不要去找,因为找也找不到。秘诀就是三学,戒定慧。这三个听起来容易,真用在修行上面,难。如果没有开始的戒,要进入后面的定和慧,想都别想。

答疑

问:师父您说的思考是什么?

答:用佛教的方式去思考,不是平常人那样的思考。比如平常人会觉得放弃家人是没道理的,但修行人修到没有分

别心，哪还有家人一说？众生都是你的家人。如果还执着于家人，就不可能修到菩提心。所以说，持戒就是自己能持什么戒就持什么戒。做不到的话，就没有用。

（讲于 2022 年 10 月 23 日）

第七讲　上师最重要的特质

第八讲　好弟子的条件

上次讲到了上师的条件，重要的是有戒定慧三学，最重要的是上师修行要好。修行好的话，这三学自然都有。否则，自己修行不好的话，他只能讲书里的内容，修行中更细的内容他没法讲，因为自己没修过。所以说，上师自己修行的话，才能真正帮助到人。否则，就好比一个人对其他人说，檀香怎么好怎么好，对方问：檀香那么好，你有吗？他说，我自己没有。对方说：你自己没有，还说个什么呢。如果上师不能具备之前说的那全部十个条件的话，至少要修行好。

二、弟子的条件（"能依学者之相"）

上师要教弟子，所以也要知道弟子应具备的条件。如果上师没有好的弟子，也会遇到很多障碍。有些法要弟子具备那样的条件才能讲，不该讲的不能讲。密宗有很多很细的法，首先要知道弟子有这些的灌顶吗，弟子要当成真正的修行才可以去讲，否则即便讲了也没用。因此，不只弟子皈依上师时要细细观察，上师要选择好的弟子，也需要去观察。

有个故事说，有个弟子花了三年观察上师，终于认定了这位上师，他就去告诉这位上师，说我观察了你三年，决定皈依你。结果这位上师说，我也要观察你啊。于是上师又观察了弟子三年才同意。这样前前后后六年，都在互相观察中浪费了，没有修行。

所以我的上师说，人生也没有那么多的六年可供这样浪费，观察得差不多就可以了。感觉上师不错的话就皈依，不必那么细那么细地观察了。再说，现在遇到十个条件俱全的上师也很难很难。如果花了三年仅仅是观察，自己没学的话，观察的角度可能也有问题。用在家人的角度看一个好的上师，可能你也觉得他不好。比如我们之前说的噶当派的上师，说话很直接，从在家人角度看起来挺狠心，会对他有很多不满的地方，但修行人的角度看就不一样了。一位好的上师，他面对不同个性的弟子，会用不同的方式。这就好像小学老师面对不同脾气的小孩子，方式也不一样，他需要观察小孩子大概的个性，才能教育好。

再有就是，观察上师有时产生疑惑，是因为文化上不一样。比如汉人和藏人的文化就不一样，观察的时候，要注意可能因为习惯的原因，有很多不一样的地方。比如汉地僧人不吃肉，看我们藏地的很多僧人吃肉，就觉得是破戒了。实际上这是雪域西藏从小的习惯。（西藏寒冷，很多作物难以生长，所以西藏人从小习惯了僧人吃肉。）要去理解这些文化上的差异。

要怎样观察这个人是不是一个好弟子呢？好弟子应具备什么样的条件？

一是他自己想学佛教，他自己不想学的话，教也没用。

二是他对上师讲的课可以很细地听。

三是他对佛和自己的上师尊重。

四是能分辨，就是学佛的话，哪个对、哪个不对，他能知道。生活中是不一样的，按平常的角度来看，和佛教的角度是不一样的。他能分辨这里的区别，懂佛教教理中的意思。

有时我们也讨论，这样的弟子的条件，是不是有点高？因为一个人要学佛学得不错了才能分辨啊，但要考察弟子的话，是在他学佛之前。当然，人人都有自己的个性，有人天生就爱怀疑，你怎么说他都怀疑。我们没学好佛的话，能分辨的智慧肯定是不够的，最开始讲也肯定讲不了那么多，学的过程中也会有很多问题。学了以后，才能往智慧这边拉一点。但有的人不懂，就觉得是上师讲错了，很容易起这样的心，这就很难办。

很多修行人说，重要的修行从哪里来？从上师来。所以皈依上师是修行的基础。就好比盖房子要打地基，地基打好了，再往上盖就容易，地基没打好，往上盖就有各种问题。所以广论一开始就讲如何皈依上师。皈依了上师然后自己修，自己的修行有上师的加持。皈依了上师以后，要跟上师有很亲的心，像对待父母的心一样。所以有时我们看到佛经里上师管弟子叫做"我的孩子"，因为儿女对父母心都是很近的，有那样的心时，很多怀疑自然就没了。

但也不能走向另一个极端，就是无条件觉得上师说的所有都是对的，这样也不对。要能分辨。能分辨的意思是能区分修行和生活。修行和学习上要绝对服从上师，如果是生活上的事，上师讲的不一定对，你可以观察。

第三个条件是弟子对佛和上师要尊重，如果不具备这样的条件，是不能给这样的弟子讲法的。

弟子皈依上师之前要观察上师是否具备那十个条件，如果感觉没有这些条件，甚至感觉最基本的三学都没有的话，弟子也要去想想是不是自己的原因，更多地去修行，积累自己的福报。自己要去想，是自己的原因，还是上师本身的原因。因为有时是弟子自己福报不够，也会把一个好的上师看作不具备那些条件的。

有个修行人修广论中的皈依上师，修了很久都没有修好。就去找第四世班禅仁波切。班禅仁波切对他说，你自己没那么尊重上师。他想了半天，觉得没有不尊重上师啊，就又重新修了几个月，但还是没有进步，又去问班禅仁波切。班禅仁波切让他细想自己的上师，他说真没有不尊重啊，但突然想到一个，他小时候遇到的一个已经还俗的出家人，教过他一些藏语字母，类似我们学的ABCD，那些也都是佛教使用的词，还教他念皈依的经。因为这个人还了俗又爱喝酒，在人群中的名声不好，他就没那么尊重。班禅仁波切说，他也是你的上师，而且是你人生中一位很重要的上师，你必须要修皈依，对他一样的尊重。他就像我们学广论要把宗喀巴大师摆在最中间一样（皈依境），这样又修了几个月，就修到了。

尊重上师、听从上师是在修行上要如此，但生活上，上师是不管的。就像我之前讲过的萨迦派国师和蒙古国王的例子，讲佛法的时候，上师在上，国王在下听法，但是他们达成了一个共识：上师不插手政治。因此平常的时候国王在上，上师在下。我觉得这特别有意思。生活里的事,在家人不要去问上师,有时很大的事情来问我们,我们不回答,在家人觉得好像这么大的事上师都不当个事一样。其实不是的,是上师不会。这样问出来,上师和你双方都很尴尬。生活的事上师不参与,我们也不知道在家人的生活。要是我们把在家人的生活都了解了,我们就是在家人了(笑)。

当然你心里如果有痛苦,可以跟上师讲,上师可以帮你念经消解痛苦。法王现在到了这个年龄,还经常要见很多人,有时我们也会非常担心他的身体,尤其是现在病毒这么厉害。但这是法王自己的意思,他觉得自己这个年纪了,趁自己还能动的时候,人们要见他,他就尽可能多地帮助更多的人。人们心里苦,见到法王得到加持,真正得到帮助的话,法王就开心,这是菩提心使然。所以说心里的痛苦,你可以讲给上师,但不要问生活里的问题,比如去问我的生意要怎么做,上师不懂做生意。心里的痛苦可以讲给上师,让上师开导或帮助念经加持,但生活里的事不要去问。

遇到好的上师要特别尊重,那么人需要有多少上师呢?宗喀巴大师讲了两个例子,格西仲敦巴和格西桑朴瓦这两个不同的方式。格西仲敦巴的上师很少,一共只有五个,两个印度的上师:阿底峡尊者和另一个印度高僧,以及三个西藏的上师。而格西桑朴瓦就依止过很多上师,有个普通在家人(居士)来讲法,他也去听,他当时修行已经很好,名声很大,别人问他怎么也去听呢?他说我去听法,对我有帮助。

这里讲了两类依止上师的例子。如果一个人疑心重的话,一两个上师就够了。如果一个人很容易生信心的话,可以依

止很多上师。多依止很多上师，对自己帮助也大，有各种各样的帮助。因为他都能做到尊重上师，内心清净。

但如果疑心重的话，再去依止很多上师，就容易造业，有很大的罪过。这样的话，拜访一两个，最多三四个上师就可以了。我自己人生中到现在也只依止有限的几个上师，我个人的话也没法依止那么多上师。上师如果有好的缘分的话，对弟子是有帮助的。但有这样缘分的上师，一辈子能碰上几个呢？

我的上师里最有缘分的，是我十五六岁时的上师。他讲课的时候，我的眼睛都不愿意转开一下，就那样喜悦地看着他。后来自己看书，书里说到你心中很好的上师，是跟你缘分很近的。如果遇到这样的上师，就跟准了他，不要浪费时间，好好皈依他，自己好好修。人生难遇到这样有缘分的上师，如果不珍惜，日后会后悔。后来我到了印度以后再也没有见到我的那位上师了（那位上师圆寂了），我想起来，心中也有遗憾。

跟你缘分很深很亲的上师，对你的帮助会超过其他人，哪怕他学问没有那么好，修得没有那么好。这样的上师往往不是一辈子的缘分，可能是好几世的。宗喀巴大师的爱徒，就是好几辈子都跟着他。如果你碰到这样的上师，就应该生起这样的愿望：几辈子的来世也跟着这位上师，上师成佛成菩萨的话，我也要跟随他成佛成菩萨，以帮助更多的人。平常念经修行时，如果怀有这样的发心，是有很大功德的。

以上是弟子的条件。你自己如果觉得自己有以上这些条件，又碰到符合前面条件的好上师，就要皈依上师。

三、怎么皈依上师（"彼应如何依师之理"）

怎么依止上师呢？依止上师的第一点，如佛陀的《华严经》所说，要放弃自由。不是放弃人身自由，是对待上师如对待父亲一样，就如同好的儿女听父母的话，好弟子要听上师的话。好上师的话要听，人生中碰到这样的上师，是荣幸。

听上师的话不是出于压力：比如你不想听他的话，但你觉得不听的话罪过很大，因此不得不听；再比如，因为上师是佛菩萨的代表，你听他的话有福报——比如上师让你去庙里帮忙，这是有功德的，你不想去但又觉得这样不好，就勉为其难做了。不能出于这种压力而听从上师的话。

应该把听从上师的话视作一种荣幸，关键是心里这么想、这么觉得，这时听从上师的话，是有功德的。

博朵瓦对谨俄瓦的弟子们说："汝能值遇如此菩萨，我之知识，如教奉行，实属大福，今后莫觉如担，当为庄严。"意思是碰到好的上师应当觉得是荣幸而非负担。碰到好的上师觉得荣幸的人，心里就没有压力，这里是强调心的状态。

我们必须要清楚，有时跟上师离得越近的人，越容易出各种各样的问题，跟上师离得远一点反而好。为什么呢？离得近的话，看到的就多，平常人的心容易乱，有各种各样的思想，就容易去看上师的不是，那样就造业、有了罪过了。离得远的人看不见，觉得上师都很好，倒不容易造这样的业。所以离上师越近，越要小心。

有的人跟随上师的时间很长，处成了跟朋友一样，也很

危险。要时时观察自己的内心,是否尊敬上师。

下次讲我们怎么样荷担上师的事业,分为"六个想法"。获得人身,又能听闻佛法,这样的机会很难有,要天天以很珍惜的几种方式去看。

你们有什么问题?

答疑

问:师父,我有些关于之前上课内容的问题想问。之前师父说到密勒日巴要去一个山洞修行,其他人劝他说那里有鬼,很多修行人去了以后就没回来死在那里,密勒日巴还是去了,后来果然遇到鬼,但密勒日巴说:如果我的内心没有鬼,哪来的鬼呢?我想问的是,密勒日巴到底碰到鬼了吗?还是说他碰到的只是他的心魔呢?

答:密勒日巴说"如果我的内心没有鬼,哪来的鬼呢?"这是从空性的角度去讲的。至于他到底有没有碰到真的鬼,这个不好说。之前那些修行人被鬼害了,鬼怎么能害到人呢?人怕了鬼才能害到人,人不怕的话鬼是害不到人的。密勒日巴没有害怕,因此就算有鬼也害不到他。

问:这个意思是说,密勒日巴现量懂了空性,所以对他来说鬼就不存在吗?

答:即便是对现量懂空性的人,鬼也依然还是存在的,只是现量懂空性的人的看法角度和凡夫不一样了。这就是我们在广论上士道要讲到的世俗谛和胜义谛,但不能混在一起讲。就好比你看见商店里有一件好看的衣服,你想要得到它,你还没得到它的时候和已经买下它以后的角度肯定不一样了。就像小孩子玩游戏，玩得那么投入，在大人眼里看那有什么意思，值得那么高兴？但小孩子身在其中就很快乐。这就是看事情的眼光变了。

问：您说鬼能害人是因为人害怕，有恐惧心，这个害怕是烦恼障还是所知障？

答：这个害怕的原因可能有各种各样，每个人不一样，要分得很细才能说。但大体上应该算是烦恼障吧。

问：师父您上节课说，密宗的甘露水和印度教认为恒河水所能洗净的东西有区别，甘露水不能洗掉罪业，那么甘露水能够洗净什么呢？

答：甘露水能够洗掉污染，但是甘露水洗不掉罪业，也不能洗掉烦恼。

问：那鬼这种非人众生，甘露水能洗掉吗？

答：鬼是用甘露水洗不掉的，鬼的干扰也很难洗掉，对付鬼的干扰可以用其他方法。鬼其实无形无色，很弱，对付起来很简单的。

（讲于 2022 年 10 月 30 日）

第九讲　怎样荷担上师的事业

上次讲到皈依上师。这次继续讲，怎样荷担上师的事业，怎样尊重上师，这里用了六个比喻，要有六种心。

一、像山一样不动摇的心。即便有困难，也要坚持下去。有一位修行人谨俄瓦，在汝巴这个地方修行的时候，因为条件太苦寒了，他的弟子就说：换个地方吧。他说：我们要做这样一个修行，有这么好的上师让我们听法，是极珍贵的，人身很难听闻大乘佛法，从这个角度来说，虽然这里气候条件不好，但这个地方是很好的。

说这个地方好，是因为心里觉得好。我们从前在印度听法的时候，印度条件也不怎么样，甚至没什么可穿的僧衣，很艰苦，但也坚持下来了。

二、像奴隶奴仆一样的心。这里有些故事你们可以自己看一下，比如仲敦巴用自己的衣服把不干净的地方擦干净，好让阿底峡尊者可以在那里讲法。

三、打扫卫生的人的心，除秽者的心。舍去骄傲自满。善知识仲敦巴曾说：充满气的球，打不进一滴水。傲慢像一个球，给它灌水时是进不去的。这个意思是说，如果你的心傲慢，上师的话，什么样的道理你都听不进去，上师给你讲很多的道理，你也会觉得没意义。傲慢心是修行中很大的障碍，有了傲慢心的话，你做什么都很难做。

我们的烦恼中，贪心在某些情况下可以为密宗的修行所用，当然这里用的贪心和显宗里说的贪心不一样。类似傲慢心的，也可以在密宗中为修行所用。密宗中修本尊时，本尊可以降伏鬼，表现为愤怒相，类似于傲慢心，但其实并不是真正的傲慢。这其中的区别在于，本尊是有能力的，而平常人没有能力却当作自己有能力。

比如有些在家人，生活财富各方面条件都不错，就觉得自己什么都很厉害。或者有些出家人，学习很好，又有很多弟子，就觉得自己修行得不错了。有了这样的傲慢心，他讲话讲法都不一样了。所以我们学了以后不能有傲慢心，比如你觉得学了广论，就觉得自己修得不错了。修行人一定要把自己的位置放得很低，才能真正学到东西，用到修行中，不要以为自己懂很多就去多讲。

傲慢心就像灾难，对于修行和生活都一样。我以前也有点傲慢心，我二十多岁写诗出了书，就觉得自己不错，现在觉得那时很可笑，会想着"我多厉害"，其实没有。

四、绳子一样的心。绳子可以绑住东西，上师说的话，我们也要像绳子绑东西一样，牢牢记住。

五、狗一样的心。这里是指狗被主人打了，也不愤恨记仇，明天它又一样很快乐地过来了。上师骂了你的话，你不要态度不好。也许实际没冤枉，只是你觉得被冤枉了而已。就算是真被冤枉了，你也不要生气。有的弟子说：我上师一骂我，

我并不生气，而是当作大威德金刚来加持。这样的态度就是真正修行的态度。

我现在只是简单讲这些，你们慢慢的也许才能真正理解。

六、船一样的心。就是一直跟着上师，不停地走，不嫌辛苦麻烦。就像我上次说的，遇到好的上师，这辈子，下辈子，生生世世跟着他去修。

我现在不想讲得太多。有些道理，有的话，你们现在也许还不能接受，到真正去修的话，才能懂。

怎么做到对上师有信心？有两本佛经，《宝炬陀罗尼经》和宝积部《大乘十法经》，都讲了这件事。

信心就像一个好母亲带着一个好孩子，这样可以很亲近地去想：所有自己的学习和功德，都是从上师来的。有了这样的信心，包括去除了傲慢心，成佛的路就很直接。

信心就好比一棵大树的根。根坏了的话，树没有办法生长。信心就是种子，就是根，修行的根没有的话，没办法修行成功。仲敦巴问阿底峡尊者，西藏的修行人很多，但为什么成就的人不多。阿底峡尊者说，因为心中所有的功德都是从上师而来的，西藏人没那么恭敬上师，对上师没有那样的信心，只把上师看作普通人，所以修行不好。

当时很多西藏人对阿底峡尊者大喊，阿底峡，给我们讲个法吧。这样其实是对上师很不尊重的。应该先磕头，再献哈达，以表示对上师的尊重。而不是随随便便就让上师讲个法，像对朋友一样——朋友就给你讲了？不是的。所以阿底峡尊者说，我耳朵没问题，你们不用大喊。你们如果没有对上师足够的信心，我讲了法也没有用。

弟子要怎么皈依上师,看待上师呢?有一本佛经《金刚手灌顶续》,是一个菩萨问,另一个菩萨来回答。那位菩萨之所以能够回答,是因为佛陀给了他能力。这本书里就说到,弟子对上师应该像对佛一样尊重。

　　这本书是密宗的书,但显宗里也有这样的戒律。为什么这么看待呢?因为当你把上师当作佛的时候,你就没那么多的怀疑。不会觉得:"他也是人,他也有错。"这种说法虽然从平常的角度来看也对,但当你把上师当作人的时候,你就对上师没那么大的信心,从而也就没那么大的恭敬心。要有信心的话,必须把上师当作佛。我们西藏人经常讲谁谁谁的转世——转世,即仁波切或汉地所说的活佛,就是(把上师)当作佛的意思,就是从这里来的。

　　什么样的人你需要把他当作上师呢?书里面也没有讲什么样的标准是上师。有这样的一句话:哪怕给你讲过一句法,也是你的上师。但如果按照这个标准的话,现在这个环境,恐怕有点难。我查了半天,佛经里有一个与下述类似的说法:就是上师给你讲了法,你又听懂了这个法的意思,哪怕只有四句也好——给你这样讲过的人,不论在家人也好出家人也罢,你都应该当作你的上师,都需要对他有信心,需要尊重。

　　这是更细的有关上师的标准,就是给你讲法你听懂了,他就是上师。

　　汉地有个不好的习惯,就是去随便接受密宗的灌顶。有时听完了连上师的名字都不知道,这样是一个很大的业。

　　灌顶主要有四种传法。对灌顶的内容,上师讲了,讲清楚了,你也懂了,这叫获得真正的灌顶。

之前说的"传一句法也是上师"这样的标准，我们的小学老师，那么多在家人都要成了上师。因为小学老师教我们三十个藏文字母，这些藏文字母佛经里也用。所以如果按照这个标准来判断谁是上师，需要视师为佛的话，有一点难。

答疑

问：如果上师水平很高，也认真讲了法，也讲清楚了，但是弟子没有用心听，也没去想。那么，这样的好法师，但却是这种听法状态的人，也必须认他为上师吗？

答：我觉得在这个时代这样看很难。之所以我们讲这个标准有两个原因：一、按道理来讲，他给弟子确实传了法，弟子也应该尊重。二、弟子之所以能听懂，说明他和这位法师的缘分不错。所以，按照这个标准的话，应该可以做得到。

从前的标准就会有人有困惑：比如一个出家人只是在他耳朵里念了几句佛经，也没有讲，是不是能算上师呢？

宗喀巴大师对于皈依上师这一点就讲得很细。以前我看这部分内容时，总感觉不想重点去讲。我最初也不爱讲皈依上师这块。因为一说皈依上师，就好像让人都来皈依我，尊重我，我觉得有压力，觉得不太方便讲。但后来自己修行，虽然就像我上次跟你们说的，我没那么多佛法修行的上师，但有些上师生活里我没那么严格尊重时，有些傲慢时，修行的路也遇到了不顺利。放弃了这些傲慢，修行就有了方向。所以我觉得要给你们清楚地讲皈依上师。我心里没有"让别人尊重我皈依我"这样的想法，我讲课是为了对你们有所帮助,同时我自己也能多学一点。这样我就不想让你们走错了路,出现我遇到过的问题。我的责任是给你们讲清楚佛法,我真心地去做。至于你们听到的是什么,或者别人怎么说,我是不去想的。修行人哪里有那么多杂念?我想的是怎么能帮助到你们自己修行,我自己也当作积累资粮地去教。所以,以前我讲皈依上师有压力,现在没有压力。皈依上师是修行很重要的路。

有一位广行派很有名的上师写道:佛经里说,从空性的角度来看,我们在这个世界上看到的、听到的、想到的都是幻觉。那么,我们要知道我们看到的这世界上所有这些,都是上师的加持;我们耳朵里听到的声响,都是上师的声音;我们心中想到的,都是上师的功德。这样,就天天去想上师,密宗是这么教的。当这么思想时,很多没意义的话、很多障碍、很多烦恼就会去除很多。要按照自己和上师不分的修法修皈依上师。因为我们都认为自己最好,自己和上师不分,就不会去找上师的过错。

如果把上师视作佛,佛没有缺点,所以也就看不见上师的缺点。很多仁波切从小被认定为转世,被当作佛来看,就看不见他们的缺点。但如果你老看他的缺点,觉得他也是人,就会看到很多的不好,就没有那样的信心了。对上师的信心这第一步做不到,那后面修行的第二步第三步也做不到。皈依上师做好了,后面也就自然而然能做好。

如果你看到的是上师的不好,就要想到是自己修行得不够,要做忏悔。往往看到上师的过错,是因为我们把生活和上师混在一起,那肯定不满。其实我们的生活,和上师没有

关系。如果没把生活和上师混在一起的话，这就容易做到不看上师的过失，也没有不满。所以我之前也说生活上的问题不要去问上师，各种各样的问题拿去问了，上师回答了，你又不满，这时候要想到是自己福报不够的缘故，要去忏悔。

我自己从来没想过上师对不对这样的问题。从来不去想上师对不对，是最好的方式，这样也容易做得到不看上师的过失。如果觉得上师错了，就自己去忏悔，心里慢慢的就会改变。

去看上师好的地方。比如这个上师戒律特别严，那个上师讲法讲得特别好。自己没有的东西，你就会更觉得好。如果像生活上的不满一样，平常人有一些不满，结果就会越看越不满。所以要看好处。

阿底峡尊者有四位常时亲近的上师。其中金洲法称大师是唯识宗的，而阿底峡尊者自己是中观派。其实在看法上，阿底峡尊者更高，但阿底峡尊者人生中最尊重的上师却是金洲法称大师。因为金洲大师修到了菩提心，修得很好。当时金洲大师在苏门答腊，阿底峡尊者去皈依他，因为他菩提心修得很好。阿底峡尊者虽然当时学习很好，但没修到菩提心。其实最重要的上师不仅仅是学习好，大乘的话，菩提心是最重要的。如果没有修菩提心，没法修真正的大乘佛法。阿底峡尊者之前也懂不少佛法，但没有懂真正的菩提心，菩提心要修，因为所有的大乘佛法都没法离开菩提心谈修行。

我们刚刚讲要看上师好的方面。如果有上师戒律没那么严，破戒了，也不能因此对他没有信心。因为他只要给你讲了四句法，你听懂了就要当作上师一样地去尊重。真正当成上师的话，他破戒也罢或者没破戒也罢，你都要当成佛一样来听。有这样的恭敬心，你自己会有福报，对成佛有帮助。

下次讲上师的恩德，皈依上师就差不多讲完了。下下次开始讲人身难得。

答疑

问：刚刚您说如果有人给你传了四句法，你听了也听懂了，他就是你的上师。那我想请问上师，如果我们自己看书看视频看懂了一个人讲的，没见过这个人，但确实觉得对自己有帮助。可以把他看作上师吗？

答：这就是现代社会才有的困惑（笑）。重要的是你自己的想法，你自己觉得对自己学修有帮助的话，最好是这样。

问：刚才您说了皈依上师要观上师和自己一体，那如果不止一个上师，要怎么办？

答：一个上师和很多上师是一样的，都要一样地尊重。有时现在网络上有各种各样的人讲法，你听的时候，首先要用观察的心去听，听的时候真觉得有帮助，再听就当作上师。打动你的时候再当作上师。

但我不太爱在网络上听很多。如果听一个人在网上讲法的话，最好查一下此人的故事和经历。现在有很多讲课的人，你听法的时候，前面要有一点观察，再当作上师。否则以后发现法脉是错的，就晚了。有些人讲的，你现在觉得对，但随着自己的学习和修行，后面发现有问题，也不好。

（讲于 2022 年 11 月 6 日）

第十讲 皈依上师的功德

今天继续讲皈依上师。"随念深恩应起敬重"。

为何感念自己的上师?因为这样长长的轮回里,我们不断地走,走错了很多路,唯有上师帮你才能解脱。如果自己能够解脱轮回和成佛,那全是靠上师的加持,唯靠上师慈悲摄受。

在平常生活里的朋友,哪怕帮到你一点点,你都会觉得很有帮助,很感谢他。何况是我们在轮回里转了这么久,上师带你解脱呢?这样的帮助,这样的功德,不可思议。我们下节课会讲到人身难得,而在这人身中得遇佛法、得遇上师,可以修行,更加难得。你这么想的时候,对自己的修行有帮助。其实我平常自己念经回向时,也常常想到上师的"慈悲摄受"。《十法经》里的那几句"于长夜中驰骋生死,寻觅我者;于长夜中为愚痴覆而重睡眠,醒觉我者;沉溺有海,拔济我者;我入恶道,示善道者……"讲了很多"我我我",都是我陷入轮回,我陷入无明、黑暗等等,这时真能帮助到我的,就是上师。当你这么想的时候,就会慢慢起恭敬心,慢慢做得到视师如佛,对上师也就没有疑心。这样皈依上师的第一步走好了，后面也就走好了。

接下来是"加行亲近轨理"。这里讲的是皈依上师的行为，怎么去皈依上师。

首先就是做让上师高兴的事，不做让上师不高兴的事。有时这句话会产生误解，认为是生活上的事也要听上师的，其实不是，是修行上的事。

宗喀巴大师反复地讲、很细地讲皈依上师。汉地有人说西藏的佛教是"喇嘛教"。因为西藏的密宗只能是上师传给你，汉地就有这样的误解，觉得（注重皈依上师）这是西藏人发明的。其实guru（上师）一词是梵文，印度人很重视上师，这不是西藏人创造的，佛陀也亲自讲过应如何依止上师。但因为印度人在那样的文化环境里长大，他们从小在生活中就知道了（皈依上师），所以他们不必刻意强调。西藏人从小在庙里也懂得，那是因为阿底峡尊者来传法时，觉得西藏缺乏（尊重上师的传统），所以特别多地讲了。还有个原因是密宗在印度并没有发扬光大，只是极少部分人在修行。在显宗中皈依上师固然也很重要，但是在密宗中皈依上师更为重要，在密宗中佛和上师不能分。你按照佛与上师不分这样的方式真正去修，以后修密宗也好修，否则以后根本没办法修密宗。宗喀巴大师在皈依上师部分列出的佛陀的书，大部分都是从密宗里来的。

首先，自己的妻子、孩子，甚至生命都能供养给上师，要以这样的心去皈依上师。其实你的性命或者财物上师也不需要，只是要有这样的心。噶当派的修行人霞惹瓦解释说，真正的上师，是你去真正修行他才高兴，如果是给了很多钱他高兴，那是不对的。好的上师在意的是你的修行，希望你真正去做一个修行人，而不是给上师什么东西，或者说上师什么好话。他会看你的修行怎么样，从各个方面观察你的修行。有人想去拜访法王，就问法王喜欢什么东西，我回答，法王不缺什么东西，但如果你自己去修行，帮助了很多的人，可以真正很细地去讲出来，那法王会很高兴听到。

第二，在上师身边的话，要真心地去照顾上师。比如给上师洗脚，这是为自己积累资粮。有很多印度教的高僧给法王洗过脚，其实洗脚本身不是重要的，但如果你有傲慢心，傲慢心大的话，肯定是做不了这类事的。

第三，佛陀的书《本生论》里也说了，要听上师的话。是不是上师所有的话都要听？这个时代很难做到。如同我上次讲到的国师和法师的故事，上师不要参与弟子的生活。上师的话里对修行有帮助的话，对成佛的路有帮助的话，要听。但如果谁得罪了上师，上师让你去骂他，这种话当然不能听。如果上师让你去念经，你要去做，这对修行有帮助。如果上师有些事让你做，但和修行没关系，你不想做的话，你不去做就好了，但你不能嘲笑或看不起上师。

博朵瓦讲了阿难做佛陀侍者的故事。当时佛陀年事已高，那些有神通的阿罗汉，就观察到阿难最适合做佛陀的侍者，就找到阿难说了。阿难说，我可以做佛陀的侍者，但需要以下四个条件：一、佛陀不穿的衣服我也不穿；二、佛陀不吃的饭我也不吃；三、必须有我在旁边佛陀才能讲法；四、我可以随时到佛陀的身边。佛陀同意了这四个要求。阿难之所以提出这四个条件，是因为阿难知道，后世很多人因为当了上师的侍者，就受到旁人的尊敬，结果反过来就有人为了得到人的尊敬去当上师的侍者。而真正要当上师的侍者，不能追求这些，而是百分之百地纯粹依止上师。为什么佛陀不穿的衣服不吃的东西他不穿不吃？因为佛陀不穿的衣服肯定是好衣服，不吃的东西肯定是好的食物。如果佛陀不穿了阿难拿来穿，渐渐旁人就看他不一样了。这也会助长自身的傲慢。阿难这番话是提醒后人，依止上师是为了更多学习佛法。博朵瓦说，如果离上师太近的话，就容易出问题。如果你离上师很近，但你能真正做到不怀疑上师，不观上师之过，那就可以，那是真正修行好；否则离得太近，上师说你的时候你就不高兴，那样还是跟上师离得远一些比较好，观上师的功德更多些。

四、皈依上师的功德（"依止胜利"）

下面讲皈依上师的功德。当你真正对上师没有疑心的时候，所有的佛都高兴，你不会缺少上师，上师跟你更近，你也不会下地狱，烦恼也很难压迫到你，菩提心可以修到，修行也会越来越高。

密宗里有一句话，大意是你去供养过去现在未来三世佛，不如供养上师的一根毫毛。这个话听起来逻辑上好像不通，因为供养三世佛功德是很大的，为什么却不如供养上师的一根毫毛？其实是这个道理：你供养了三世佛，但你却不知道诸佛是不是接受了你的供养。但你供养了上师，上师接受你可以看得见，上师高兴了，诸佛也一样的高兴。你供养诸佛，

但效果很难说，因为诸佛和你的缘分不一定那么深，但你和上师是有缘分的。

有个关于皈依上师的故事。说有位上师召唤弟子来，弟子一看，上师后面有很多本尊在。上师说，你想给谁磕头就给谁磕头吧。弟子心想：上师是很容易见到的，本尊却难得见，我还是给本尊磕头吧。于是他跪下来就对着本尊磕头，结果一磕头本尊就不见了，在面前的还是自己的上师。上师是告诉他，应该给上师磕头，因为上师和本尊不分。还有那洛巴的故事。那洛巴在接见弟子马尔巴时，从心轮显示了胜乐金刚的坛城让马尔巴供养，马尔巴先顶礼供养了胜乐金刚的坛城，然后再顶礼了上师。结果后来一看，那洛巴的心打开就是胜乐金刚。

本尊和上师不分开，把上师视为佛，在密宗修行中更加重要。所以供养上师的功德就是这样，所有的佛都会高兴。对上师最好的供养是修行。你修行好了，上师高兴，那佛肯定高兴。因为佛向这世间传了佛法，看到又有一个人成佛，就好比你们家族又出了一个大学生或者研究生，家族里所有人都高兴，不只是你父母。

供养上师的功德还有未来不缺乏上师，不下地狱。因为你对上师恭敬心很强的话，皈依三宝做得自然也好，就不会下地狱。

再一个功德是烦恼很难压迫到你，因为你依止上师，上师老教你，你天天学，自然就不容易被烦恼压迫。再就是修到菩提心，这个从逻辑上去想也一样。

博朵瓦说："我等多有破衣之过，如拖破衣，唯着草秽，不沾金沙。其善知识，所有功德，不能熏染，略有少过，即便染着。故于一切略略亲近，悉无所成。"意思是说，我们对上师没有恭敬心，也不会产生任何功德。

五、没依止上师的坏处（"未依过患"）

接下来是没有依止上师的坏处。拜了上师而未依止的话，一辈子会有很多痛苦，很多病，死了会下地狱。这个密宗的书里说了（《金刚手灌顶续》），不依止肯定是很糟糕。

第七世香萨仁波切写过一本关于了义和不了义的书，里面讲到一个印度高僧说过，皈依了上师后又不依止上师，会有五百世转世做狗的果报。当然，要是做现在的宠物狗可能没那么糟糕、挺高兴的（笑）。总之，拜了上师但不依止肯定会有很大的障碍。但这个道理对相信因果的人，可以讲。对不相信因果的人，没法讲，讲了也是白说。

真正相信因果的，是可以讲这个道理的。这里有一个出家人的故事。

印度有一个仁波切，法王是他的上师。他去拜了一个鬼，法王说不要拜那个鬼。因为我们皈依三宝，只有三宝能够带领我们走向成佛的路。鬼虽然有神通，现在一点小事它能帮忙，但没有办法让人解脱和成佛。去拜鬼的话，皈依三宝方面就会有问题。这个仁波切就因此跟法王产生了很多冲突，他先是写了几本书去说法王如何不对，不久他的手就痉挛无法打开了。他就去讲，他的弟子来写，不久他的嗓子就无法发声了。后来他就得了很严重的病，痛苦地死去了。当时在

印度达兰萨拉，只能进行火葬，火葬时他的身体发出的臭味持续了三天。这件事人人都知道。

因果有很多种，像这种现世报，这辈子做了坏事这辈子就获得业报，因果就消了，还算是好的，虽然我们人看起来已经很恐怖了。如果这辈子不报，死后下地狱，那痛苦的业报承受起来更难，我们没法想象。有些庙里老有两舌的恶业，这种死时都没什么好的。

西藏有个笑话（或者是你们叫喜剧的）里面说，因果是看起来没有，实际有。不只是传说故事，我们现在就看到西藏很多做了坏事的，死时没有什么好的。比如拉加寺地区有个人，杀了很多土拨鼠。后来，他的样子越来越像土拨鼠，每天把自己包在藏袍下，不敢见人。家人给他吃的东西时，他用手去拿食物的样子和土拨鼠用爪子吃东西的样子是一样的。这是很多人真实看到的。

为什么皈依上师方面会产生很多问题？身边有坏的朋友，也会影响我们依止上师。有位高僧说了句话：修行中恶的朋友，很多人认为会是鬼的模样，头上生出两只角来，其实不是，而恰恰是很高兴很开心天天逗你的朋友。比如，你在打坐，这种朋友会说，别打坐了，我们去玩吧。《涅槃经》里说，菩萨不怕疯的大象，疯大象只会弄坏你的身体，但是会怕恶朋友，因为他们会坏你的清净心。如果你遇到一个疑心特别重的朋友，你就很容易受影响。

我们人都很容易受外人影响，因为我们的思想不一定对，此时受杂染很容易，就像白的衣服很容易脏一样。所以如果遇到天天说佛教不好的朋友，要注意，不要去亲近。仲敦巴也说过这样的话：一个坏的人，遇到一个不错的朋友，他也很难成为最好的人，只能成为一个略好的人。但一个好的人，碰到坏的朋友，却很容易变坏了。就像我们都知道的，做好事难，做坏事容易得很。你们很多人都是父母，对自己的孩子，你们都不愿意坏孩子跟他玩耍，因为学坏很容易。其实大人也一样。

依止上师是修行的第一步。如果你只是偶尔想一想上师的话，那是没办法帮助的。真正的修行人，遇到真正把他带到成佛之路的上师，就天天精进听课。噶当派的一位修行人说，我们皈依上师，要知道有怎样的功德，不依止有怎样的恶业，这样你就知道应该去如何依止上师。如何依止上师的每一项，都很细地讲了，现在融合在一起就讲完了。

我们凡人心中的烦恼很大，对皈依也不太懂。稍微懂一点皈依上师，也没有当很重要的事。在这种情况下，我们平时念经要回向积累福德，要忏悔，忏悔自己在皈依上师方面自己做得有什么不对，也许是前世在这方面出过问题。忏悔时想自己的问题，回向时也去想上师的功德和优点：没成佛之前，上师天天加持。

这里面也有故事。汉地应该也有翻译，你们自己去读。比如《般若经》中常啼菩萨的故事。常啼菩萨想要请菩萨来讲法，把道路和法座弄干净。结果刚一弄干净，鬼就来了，让风一吹，法座又脏了，如此数次都没办法弄干净。他划破自己的身体，把血洒在路上和法座上。鬼看了也感动了，不再来捣乱。常啼菩萨就是这样恭敬上师的。

下一节讲打坐，这一节和皈依上师放到了一起，是讲你

们打坐修行时能够用的方法。广论的修法，我们讲的时候，有很细的修法，你们能用到。比如你们平常想闭关修行，怎么闭关。有四个时段修的：早上一次，午饭前一次，午饭后一次——大概下午一点钟，晚饭后一次。也有五个时段修的，早上一次，午饭前一次，午饭后两次——中间休息一下，晚饭后一次。这些是最常见的修法。

下节课我们讲具体怎么修皈依上师。第五世法王就此写过书，也许中文有翻译，你们可以看。

此时我们开始正式修。广论有几种传法的方式，一种叫"ཉམས་ཁྲིད"（音译：缪持），就是上师自己修了有了利益给你传的；一种叫"བཤད་ཁྲིད"（音译：学持），就是从道理上给你讲；还有一种"ཟུང་ཁྲིད"（音译：龙持），是上面两种方式的结合；还有一种"དམར་ཁྲིད"（音译：马持），是上师给你讲完了一段，你自己去修，等这部分修到了，上师再给你讲，你再去修。

答疑

问：上师，我有个问题，是不是修行越好的人，越不容易得病？我觉得道理上应该是这样，因为我们的病根本上是心病，容易生气的人肯定肝气郁结爱生病。中医也有这样的说法，根本上不是依赖药物，而是要"治未病"。可我记得您上次讲课说到自己在印度时也要去看病？

答：是这样，修行得越好越不容易生病。但你说修行得好身体就完全健康吗？这个不一定。我们的身体属于苦谛，所以肉体一定有病有痛苦。但是修行和不修行的确有很大差别，比如你不修行，爱生气，心情很不好，容易得病；修行之后，心情越来越好，你就很难得病。但要说完全不得病，那可不一定。因为修行人最终也要死，怎么死呢？大部分都是病死的。跟常人比当然他是不容易病的。他不生气，药对他有用。要是天天生气，就算吃了药可能也没多大作用。所以我们说，去山上修行很容易，人人在山上都是修行人，难的是平常在生活里做一个修行人。真正的修行人，就是碰到大风大浪的事，情绪依然可以保持很稳定。

（讲于2022年11月13日）

第十一讲 前行之七支供

今天继续讲广论。上次讲皈依上师,宗喀巴大师的书里已经清楚地写了,今天细讲加行六法之一,七支供。加行六法属于前行:修法包括前行,正行,结行。七支供的修法是不论大乘还是小乘都有的共同修法。

平时要注意的是,修学时如果心中有教派之分,这是很严重的错误。因为假设有了分别心,比如学的是格鲁派,觉得格鲁派最好,那别的教派的内容你就会听不下去。这样的人,听到别的教派的修法,他完全不会去想自己到底知不知道、懂不懂,就摒弃了,这是严重的错误。因此具体修的时候,心中不要分教派。我是学的宗喀巴大师的教法,对格鲁派的教法比较熟悉,这是我的所学、所长,没有办法,但我不能因为自己的所长就执着在这上面,认为这才是最好的。这种分教派的分别心,汉地更严重。其实佛法中大部分根本内容都一样。但就像你上大学或者去读了研究生,自己学了然后自己去创作,这时候不要老强调你是什么什么大学的。有的大学擅长这个,有的擅长那个。学佛也一样,比如格鲁派以戒律严格突出,觉囊派专长时轮金刚……如果你起分别心,这个后果、这个果报是不好的。

之所以有一些差异，是因为在空性的看法上不太一样，但都是佛陀的弟子，佛陀希望你们都能成佛。因此，我们要认真地去学，哪个法哪个教派对自己有帮助，就去学。即便其他教派或教法对自己没有帮助，也不要起分别心。比如有人听了课以后说"原来你们格鲁派的说法是这样"，这是不对的。好好听法，不要去分什么高下。

即便是在同门中共同修行的人，比如格鲁派里，上师和上师都不一样。因为人各有各的思想，思想不同。佛陀之所以三转法轮，每一次都讲得有所不同，是因为对各人要有各自不同的讲法，因材施教，才能让他们理解，对他们有帮助。因此，听法的时候一定要内心清净。

如果你有了分别心，修行会有很大的障碍，后果很不好。你可以说，你学格鲁派的教法，是格鲁派的弟子，但不能说，你只能学格鲁派，只有格鲁派最好。

因为每个上师各有所长，所以宗喀巴大师会有这么多的上师。藏传佛教的每个教派都各有所长。比如噶举派最擅长苦修，他们很多不待在庙里，像密勒日巴，跑到山上去苦修。有一次我和噶举派的一位堪布开玩笑说，我们两个现在换了个个儿，我跑到山里苦修，你换到城市里去传法了（笑）。我作为格鲁派的僧人，只能学到格鲁派所最擅长的，尊重宗喀巴大师。但对其他的派别，我也一样尊重。

下面我们仔细讲七支供。《普贤行愿品》里面就有这七支供，宗喀巴大师在这里也讲了。我们的修行需要积累资粮，去除逆缘，净治业障，能有顺缘，就像做一件事要事先准备

一样。七支供就是这样的准备之一。

下面我们按照《普贤行愿品》，一段段地讲。

一、顶礼支；

所有十方世界中，

三世一切人师子，

我以清净身语意，

一切遍礼尽无余。

第一句，顶礼。是把各种各样的所有的世界中的所有的佛，都请到自己面前，去磕头。这样功德很大。这个磕头，不只是身体磕头，而是身口意都要顶礼磕头，要作如是想。先讲身体怎么去磕头，后面再仔细一个个讲语和意的顶礼。

普贤行愿威神力，

普现一切如来前，

一身复现刹尘身，

一一遍礼刹尘佛。

普贤行愿，即普贤菩萨行动的愿力。普贤行愿中最重要的，是把十方世界和三世的所有佛都想着请到自己面前。《入菩萨行论》里说，微尘中都有那么多的佛，要从尘土里请到这样多的佛，同时去想自己也化成像微尘那么多的自己，自己也变成很多，然后去磕头。佛经里认为身体大的人，福报大。原因是，他磕头的时候沾的地面的土多，因此福报大。如果你想着变成微尘那么多的身体，那样福报更大。

于一尘中尘数佛，

各处菩萨众会中，

无尽法界尘亦然，

> 深信诸佛皆充满。

这一段讲心或者说意的顶礼。心里去想很细微的土中，也有很多的佛。心中想到这么多的佛，心中想到要去做诸佛高兴的事，去供养，去恭敬那么多的佛。

> 各以一切音声海，
> 普出无尽妙言辞，
> 尽于未来一切劫，
> 赞佛甚深功德海。

这句讲口或者说语的顶礼。意思是，磕头时应该想着这么多的佛，念着各种各样的咒和佛经。

有些人磕头，嘴巴里不念。甚至有些人一边聊天一边磕头。出家人或在家人有时绕着佛殿磕头，一天要磕很多遍，于是有这样的情形：两个人好久没见面，结果见了面一边讲话一边磕头。以上这都是不对的。必须要做到，身在磕头，语、意也在磕头顶礼，这才是圆满的磕头。

在家人在家里修行的话，可以早上三磕头，晚上睡前三磕头，像上面说的那样认真地磕头，功德很大。如果你只是把磕头当作任务，那是没有功德的。真正的磕头，认真去念，哪怕只有几分钟，功德也很大。磕头的修法是平常在家里都能做到的。如果不在家里修行，比如密宗修本尊的修法，通常要闭关三年。闭关最基本的也要至少一年，这一年中的前几个月也是要修这七支供，要攒够磕头十万，每一支功德十万，念咒可能要十几万才行。所以通常要闭关三年。如果前面在家已经磕头足够了，闭关的时候就仅修持咒。

二、供养支；

以诸最胜妙华鬘，
伎乐涂香及伞盖，
如是最胜庄严具，
我以供养诸如来。

最胜衣服最胜香，
末香烧香与灯烛，
一一皆如妙高聚，
我悉供养诸如来。

我以广大胜解心，
深信一切三世佛，
悉以普贤行愿力，
普遍供养诸如来。

  供养支，密宗里讲过供曼达，这是密宗里的重要供器，但我们在此处不细讲。供养有七供，密宗里有八供，从左到右依次是：饮水、濯手濯足水、花、香、灯、香水、食子（朵玛，糌粑做成的）、乐，我之后可以给你们发照片看。这七供是长期在佛堂里供的。
  原本是供酥油的，但酥油每天更换的话，比较昂贵。后来阿底峡尊者说，西藏的水很干净，供佛的话功德很大，就在藏地改为供水。在家里比较好做的，我们能够做到的，就是供水，具体来说，至少要供七杯水。如果更多的话也更好，一般都是供七的倍数。但在家人没有那么多时间的话，至少要供七杯水。

这七杯水，每天都要去供，每天都要去收水换水。每天早上供水，要用干净的水。倒水的时候，要从左往右依序倒水，然后把杯子从左往右放在佛像前。放的时候要很细心，不要随便放。杯子和杯子之间的距离不要很远，也不要过近，一指宽的距离即可。晚上礼毕之后，要把供的水收了，此时要从右往左收水，收完水之后，再从左往右依序用干净毛巾把杯子擦干。

三、忏悔支；

> 我昔所造诸恶业，
> 皆由无始贪瞋痴，
> 从身语意之所生，
> 一切我今皆忏悔。

恶业包括因贪心、瞋心、痴心通过身口意所造的业，十不善的很多业，我们需要忏悔。

忏悔包括了两件事：一是反思以前做过什么恶业；比如骂过什么，或者今天杀过什么小虫子，或者修行上做了什么——比如对上师的恭敬心不够，嘲笑上师等等。二是发心以后不再做了；如果今天造业，去忏悔，然后明天又做了，那不是真正的忏悔，真正的忏悔是以后不能再做了。

必须要去想自己做错了什么。供养的时候，心中就要经常去想这个，思考上会有很大的帮助。我们平时造的业，肯定有自己造了自己也不知道的，但对于自己知道的造业，需要去想，反复去想，这样的想法对自己修行肯定有帮助。自己所不知道的业，以后也能慢慢知道得更多。

现代人记忆力不好，是因为不去多想多思考。去反复地想自己做的事、造的业，对记忆也会有帮助。完全不想的话，什么也记不住。

四、随喜支；

> 十方一切诸众生，
> 二乘有学及无学，
> 一切如来与菩萨，
> 所有功德皆随喜。

这句的意思是，对所有的佛、菩萨、阿罗汉、独觉……他们的功德和优点，我们很羡慕。我们不只要羡慕佛，对旁边的人的优点也要学习。这里最重要的是对菩萨的功德的赞叹，菩萨和佛具有菩提心，他们帮助了众生，羡慕赞叹他们是希望自己以后也能做到像他们一样，也能帮助众生。

五、请转法轮支；

> 十方所有世间灯，
> 最初成就菩提者，
> 我今一切皆劝请，
> 转于无上妙法轮。

这句的意思是祈请所有的佛菩萨作为自己的上师来讲法。

六、祈请不入涅槃支；

> 诸佛若欲示涅槃，
> 我悉至诚而劝请，
> 唯愿久住刹尘劫，
> 利乐一切诸众生。

这句是求佛，求所有的佛长久住世，因为这个世界没结束。皈依三宝中我们念的经文第一句是，在我成佛之前，天天要皈依三宝。所有的众生都一样希望解脱轮回，因此需要佛长久在那里。

七、回向支：
所有礼赞供养福，
请佛住世转法轮，
随喜忏悔诸善根，
回向众生及佛道。

这句的意思是，到最后，能做到上面六个，并且全都圆满地做到了，七支供全都有了，我若能够有那么一点点的功德的话，要回向给自己成佛的道路，也要回向给所有的众生助他们解脱轮回。

我们无论念经念咒，念了什么以后必须回向。如果没有回向的话，做事的功德也很容易消失。比如布施，布施完毕后，要回向。不一定要念什么，心里认真回向的话，功德就很大。哪怕再小的事，也要回向给众生，回向给自己成佛。当然你也可以回向给自己希望顺利的事情，但这样的回向实在太小太小。如果你只是回向希望几个月以后自己什么事情顺利，这样的回向就更小了。菩提心的回向就很大，回向给众生的解脱，回向给自己成佛的路，这个涉及到希望自己成佛的原因。如果你只是因为这世界太乱，待不下去了，你想解脱的话，这个是类似阿罗汉的想法。但如果你是看到这世界乱，想到自己痛苦的时候，众生也是一样的痛苦，自己成佛是为了从根本上帮助他们，这样的发心就大。

《普贤行愿品》的这七支供可以常念一念，也没有很长。

同时想一想自己平常的行为，这是修行的一个开始。这个做好了，再去打坐。

宗喀巴大师有句话很重要，供完了再去打坐。我们平常的打坐是指什么呢？就是去抓心。因为心是跟着烦恼走的，而打坐是抓了心，把心放在修行的角度上。抓住了心以后，你的心可以由你自己控制，而不是反过来：由心控制你，让烦恼控制心，那样你就成了烦恼的奴隶。比如你心里想去玩，想打猎，想杀戮，这是心跟着烦恼去了。再比如你的心想抽烟，想喝酒，也是心随着烦恼而走。所以修行首先就是抓住这里，要抓心。暂时不要有很远大的目标，现在就是做个好人就可以了。烦恼是来自坏习惯，要把这个坏习惯抓住。如果坏习惯的烦恼抓不住，明天就又会想了。有人说这是我的个性，个性难改。其实个性也是来自烦恼来自坏习惯，没有什么不能改的。就像我上次跟你们讲过的，出家人奔公甲之前是小偷，做了出家人以后到了某家又手痒难耐偷了东西，然后自己抓住自己造业的手一样。为了改掉习惯，为了要抓心，就要时时刻刻观察内心。

美国现在流行打坐，现在笼统的讲 Meditation 已经不时髦了，他们还要 Vipassana（毗婆舍那），翻译过来就是观修。要我说，上来就观修，这都是不对的，说这话我不是打击你。是谈这些太早了。止都没修好哪里修得了观呢？应该先修好止才能进入观修。现在他们拿很多佛教的大词来用。观修离初学者还很远，第一次打坐要从修止开始。修止要很细地按照广论来修，很细地修，这样不会错。

打坐之前，首先要练习的是抓心。抓心就是修行的方式，修行就是必须要抓住你的心。空性这些很深奥的还不懂，那就从最基础的自己懂的、自己能够做的开始修，一点点改正坏的习气。累世的坏习惯就是我们的烦恼，有人说这是我的个性，没法改，其实坏的个性(来自于累世的习气)也是烦恼，是可以改的，就是要再努力。平常就要去想，不是非要去佛堂。

最初打坐的习惯一定要正确、要好，所以我给你们讲了许多需要注意的细节，让你们必须要拿一个佛像而不是唐卡去修止。最初打坐一定要准确，要养成好的习惯，否则一旦养成错误的做法，后面很难改。

开始修的时候，就很清楚地知道皈依上师的好处，没皈依上师的坏处，在这个情况下，去仔细想，我有没有在皈依上师上做错什么，如果做的都对，很尊重上师，时时刻刻想到上师的功德，就很开心。比如上师在戒律方面做得好，或者上师在智慧方面很好，要去很细地想上师的优点，做到真正的恭敬心。这样，就可以再继续打坐。如果没做到，就忏悔，再自己做到。

每天要有四个时间去反思自己：早上，中午，下午，晚上。反复地去想自己一天中的作为。最初想的时候不需要很长的时间，几分钟就够了，如果时间太长了心容易散。慢慢有进步了，自己再去多想。

这中间的时间，就是磕头，念经。这是闭关的方式，闭关的时候不要浪费时间，转塔啊，念经啊，或者看书啊，做这些都要集中精力，心不能散乱。

答疑

问：上师，您说的这四个时间去打坐是针对出家人来说的吧？我们在家人可能没有办法有这样固定的时间表。在家人应该怎么样安排呢？

答：这四个时间是用来思考自己的心的。这四个时间是闭关或者你有整天的时间修行时做的。在家人做不到这样严格的时间表，可以在一天中任何时间空隙里，进行思考，想一想这周学到的东西，观察自己的心，想想和佛教有关的问题，也可以念经持咒，做这样的练习，都是好的。要反复地去想。习惯了的话，会对自己的记忆有帮助。一个星期七天，今天和明天想的会不一样，同一天早上中午下午晚上想的也会不一样。现在很多佛教的道理你还没学，还不知道，等之后学多了，书看多了，更多的内容就会知道，就更知道要如何思考自己的内心，知道自己做错了什么，哪个地方处理得不对，等等。

但如果修行了一阵，觉得自己不错了，有进步了，这也是问题。有时候修行越多，烦恼反而越多，就好像你人变得越强，敌人也就越强越多了。

觉得自己"我进步了我进步了"，这其实也是痴心。这个进步的"我"在哪里呢？所有都是空性的，但这个"我"放弃起来特别难。"我"要解脱轮回，但是想到了空性，又要抓"无我"。所以放弃"我"这个是很难的。"进步了进步了"，真的进步了吗？

说"我进步了我进步了"这是执着，我执来源于无明，也就是痴心。我们总会说"我的身体好了""我的""我的"

什么什么，说自己好自己好，这时候其实却有很大的烦恼了。

烦恼有两种，第一种是所有的众生心中都有的烦恼，第二种是只有修行人才有的烦恼，修行以后新来的烦恼。比如你修行以后有了一点点对无常的感受，就说"我懂了无常"，其实你真的懂无常了吗？如果没有懂无我，根本没有用。所以说，有时修行越高，烦恼越多。因为你能觉察知道的烦恼，自然很容易放弃，但修行得更高时的这些烦恼很难放弃，因为你自己都感觉不到它是烦恼。

(讲于 2022 年 11 月 20 日)

第十二讲　平时怎么修持

今天继续讲广论，上次七支供讲完了，这次继续讲怎么修持。"未修中间应如何"。

没有打坐的时候，座间要对修持的所缘境做思维忆念。有一位佛弟子叫马鸣菩萨（ རྟ་དབྱངས། ），之前信奉外道，后来皈依佛门。他写了一首赞美佛陀的诗，非常美。他写到佛陀前世的故事，佛陀看见一只老虎快要饿死了，他发慈悲心，想把自己的身体布施给老虎。但是老虎太衰弱了没办法自己去吃，佛陀就把自己的身体割破，让血流出来，让老虎喝了血恢复了点力气，老虎就一口把他吃了。马鸣菩萨看完这个故事，最初觉得自己能做到，试了一下，发现特别难，他就对佛陀的事迹非常感动，经常忆念佛陀的功德。

我们也一样，我们读佛陀的书，要知道佛陀的功德。十方世界三世佛，我们生活在释迦牟尼佛的正法住世这五千年中，这时代和世界有佛陀的功德，所以要对这些功德阅读和反复思维，比如去看马鸣菩萨的《本生鬘论》，那个真的非常美。看佛陀的本生故事，知道佛陀是怎么样修行的，自己也有福报。

在家人七支供念完以后，平时再多念一下佛陀的咒，忆念佛陀的功德，进行圆满的修持。宗喀巴大师也有咒，但是一般我们不念。宗喀巴大师现三本尊：观音菩萨代表慈悲心，文殊菩萨代表智慧，金刚手菩萨代表降魔时的愤怒相。宗喀巴大师是这三者的转世。他写了一首赞美诗，给自己一位重要的上师仁达瓦，仁达瓦把它转送给宗喀巴大师，说他才配得起这样的赞美。仁达瓦教了宗喀巴大师中观，在智慧上影响宗喀巴大师很深，但他后来也听宗喀巴大师讲法，可以说他们两个人互为上师。宗喀巴大师本名罗桑札巴，由于诞生在宗喀地区，宗喀是山的名字，人们尊重他，所以叫他宗喀巴。如果能学到宗喀巴大师的咒，可以念一下。

在未打坐的时候，也可以绕寺、转塔、念咒等多种方式修持。做这些不只是修行，对身体健康也有帮助。一个是有功德，一个是让身体健康。比如你一天磕一百个头，磕头本身有功德，磕头这个动作也是锻炼身体。磕头有两种，一种是普通的磕头，一种是磕大头。磕大头对身体特别好。

念咒对身体也有帮助，比如六字真言，嗡嘛尼呗美吽，念起来对身体也有帮助。我们的第33任国王松赞干布，是观音菩萨的转世。他专门写过一本书，对六字真言的好处有专门的解释。

念咒有两种方式。一种就是嘴巴里声音不念出来。因为密宗必须是很神秘地修，如果旁边有人没接受过相关的灌顶，修密宗的人念出来被他听到的话，念的人和听的人就都破戒了。另一种方式是比如我一个人的时候，那就必须要把咒语大声念出来。必须大声念诵的原因，一是这样才能念得准确，二是这样念对身体、尤其对舌头是有帮助的。

还是儿童的小僧侣,比如我们小时候,每天早上起来第一件事是念文殊菩萨的咒。最后一个字是"ཌི(音得)",需要连续念一百个,一口气不能停,不能吸气,练习舌头。有的孩子口齿不清楚,舌头没那么好,这样转一转舌头,对舌头有帮助。"得得得得"是我们安多的口音,如果按拉萨口音就是"滴滴滴滴",我按安多口音大声念就能念得准,按拉萨口音就读不准。所以念咒不恰恰只是修行,对讲话讲得不是那么清楚的小孩子也有帮助,大人可能就纠正不过来了哈(笑)。

最后我们开始讲打坐的技巧。首先要防护眼耳鼻舌身意六根。打坐时心散乱,是因为这六根。眼不能闭,也不能大张着看外面世界,那样心容易不专;不能有特别的味道刺激鼻子,这点还好;不能有各种声音刺激耳朵;身体方面,打坐的坐垫后面最好比前面略高一点,这样坐着比较舒服,如果不舒服的话,心也会乱。

打坐时最重要的是心。怎么去抓心?有两种方式。一种是抓了心以后心跑了,意识到这点,就重新再去抓心,觉得我的心又乱了,就再去抓……这样反复地去抓心;另一种方式是一开始就很注意不让心跑掉,一旦散乱就停下,不去立刻抓,休息一下,再继续。

刚开始打坐的人其实适合第二种方式,虽然很多人觉得似乎第一个更适合。为什么第二种方式更好呢?因为作为初学者,很难抓心,反复抓的话,心更乱,而且也更累,反而抓不住。修止是很难的。用第二种方式的话,自己打坐前,首先观察一下心，觉得安定了再开始，发现自己的心跑了，就停下来几分钟再试，如此再来一两次，如果还是跑，就暂停不要去修，下次再来。如果初学者就反复去抓心，有一点进步时，心反而更乱。有一点点打坐的基础以后，再去试第一种方式，反复抓。最初学打坐的时候，发现自己心跑了，就停下来，想想自己是怎么跑的——也许是跑到今天家里的事，也许是昨天看到的什么东西——过几分钟再修。一开始就要按照这样的方式来做：问自己，心抓到了吗？没抓到，那就休息一下，深呼吸一下，但不是就此彻底休息了，过几分钟，再去试。初学者适合这样，一开始不能去反复抓，那样身体会很累，心就更散乱了。

下面讲了修行者吃饭应该怎样，这和戒律比较有关。饭吃得太少也不好，也不能吃得太饱。这个你们自己去看书。

下面讲怎么去打坐。现在 Meditation 很时髦，但有很多不正确的知见，你们初学时就必须要纠正。

"破除此中邪妄分别"。打坐分成两个部分，安住修和观察修。有些汉地的和尚认为，对义理反复思维观察，会影响安住修。弥勒菩萨的《大乘经庄严论》中说：听法，需要清楚地知道法义，然后反复地去想，听了课以后有想法，慢慢地才能积累智慧。然后再反复思考这个得到的智慧，最后才能做到一个真正的打坐。

怎么去修行呢？真正的修行，第一要去听课，在别人的讲法中找到了帮助。课听完以后，要反复看书，反复地去想，这样自己才有一个修行的方向。

比如修皈依上师，我给你们讲了，你们有了一点方向，

再去看皈依上师的书，反复想，反复思考，一条一条地都想清楚了，比如不皈依上师的坏处，皈依上师的好处，等等。如此思考过以后，你自己在修行时，就不会再有任何迷惑，因为你已经反复思考过了。

听课、看书以后，不去思考，不去观察，怎么能懂呢？如果对一切修持，只持修止的观点，那就好像拿着一颗豆子说，这就是所有的粮食，五谷都一样。所以不能说只修安住修可以成佛，这是不对的。

打坐其实有很多变化。没有细看书，就不懂真正的打坐，真正的打坐不仅仅只有安住修而已。

比如修皈依上师，修慈悲心，要怎么去打坐、怎么去修呢？必须要反复闻思，反复去想，慢慢地成为习惯了，才能修出来。如果只是在那安住，什么都不想，怎么可能修到慈悲心呢？

修止和修观，当然修止是前面的，修观是后面的，重要的是强调止修是观修的基础。但修止的时候是不是只能去安住而不能思考？错了。认为修止就只能安住，是刚开始对佛经的片面理解导致。开始修的时候，安住修和观察修两者就都需要。修止是要努力地去抓心，藏语有个词叫"སྒོམ"（音译：贡姆），有两个意思，一个就是努力抓心的意思，一个是指因什么事情而生气，但努力地忍住的意思。什么时候要单纯修这个止或者安住？我们接下来会细讲。

答疑

问：上师，我想请问，是不是这样理解？我们打坐或者修持的时候，要先进行思考，比如您举的例子，修皈依上师，打坐前就要去思考皈依上师的好处，而不是什么都不想地一动不动就在那打坐？但您也说了之后会细讲修安定是什么情况。

答：如果什么都不想的话，很容易迷糊，比如你修皈依上师或慈悲心或死亡无常，就必须思考这些，否则的话，不可能安住。光想着安住，是修不到这些的。要观察着去修，渐渐思考习惯了，修持打坐容易成功，自己也会有变化。

修不同的部分，也有不同的修法。思考的过程，也是修持。安住修时，汉地摩诃衍和尚说，思考的话就是走错了路，这是讲错了。有些人讲打坐，说打坐的时候如果你从智慧角度反复观察，很细地去想的话，这样是修不成安住的，这是不对的。说安住修、止修不能思考，这是不对的。

但如果你恰恰就是要专修一个止或者安住，说这个时候不能思考不能心散乱，这个是可以的。修好了止的话，安住在一个所缘上面几个小时也不会感到累。

上次我们说到打坐时运用佛像修止。你去打坐修持的时候，心只能停在佛像的某个地方，比如眉心。但在打坐修持之前，你要去细细地看佛像，而且第一次就要知道你是以佛像为工具，但内心要把佛像当作真正的佛，要去观想佛而不是去观想佛像。你要知道观想佛眉心的真正意义和功德。以上这些，你全部都要懂。这样懂了之后，你打坐修持才更容易，功德也更大。否则的话，很难修止。即便是修出了止，智慧也不会有那么多的增长。全部道理都懂，要这样去安住，

要懂安住的道理。

修安住的时候，心就必须要安住。但修习其他，比如我们说修空性，那你就要懂为什么是空，要知道是怎么样的空，还有死亡无常，道理全部都要知道。否则的话，根本没法修。

有这样一个比喻，就好像金匠拿来一块金，需要在火里炼、水里洗，把金子弄干净以后，再打什么金器都很容易。我们修行也是一样的，如果你的功德好的话，仔细思考了因果，善业善果或者恶业恶果，这时候再去修。你知道了破戒有什么坏处，观察自己内心的时候你就清楚地知道了，这时候慢慢去除，这样真正修持的时候，就变得很容易。你细细思考以后，懂了死亡无常的道理——我们下周讲人身难得、死亡无常——你听了、懂了以后，再加上观察心，时时反省自己，这样的话修止的时候就会很快。否则，且不说修止很慢，还可能有错误。

下周我们继续讲人身难得。

答疑

问：上师，我想跟您确认一下您讲的打坐修安住的过程。是不是我们先仔细看佛像，并把佛像当作真的佛，且知道佛的功德，然后安住在佛的眉心，如果心跑了没抓住，就停下来，不去抓心而是去思惟法义？

答：你听得可能有点乱了。安住之前，需要知道佛的功德。修安住，需要心定在某个地方，比如眉心。需要知道定在眉心的功德。修持时要去想真正的佛，真正佛的眉心，然后试着把心停在那里。如果发现自己的心跑了——比如有人觉得看见光啊等等,那心肯定早就跑了——就要停下来。初学者不要反复地去抓心,可以反复地停下。停的过程中,可以思考,反复思考为什么心会跑,休息几分钟以后,再试着去停、去安住。

安住之前也要知道佛的功德,这就需要观察思考。有人说修安住不用观察,但止和观的道理不都懂的话,修成止都很难,更不要说修观了。所以即便是对初学者,一开始两个基础都要学。比如你只是把佛像当成佛像,而没有当作真正的佛,也许勉强修到了止,但是接着修观的时候需要的时间更长了,因为养成错误的习惯,改起来也更难,所以刚开始就要养成好习惯。

问:上师,我昨天和卓玛措师兄还讨论到一个问题,就是身体里长了寄生虫,医生说我们打掉寄生虫以后才能健康,但这样的话算不算破戒呢?可如果这样算破戒的话,我好像现阶段没有办法做到佛陀那样的以身饲虎,把身体布施给寄生虫。

答:讲个故事。我们藏地有个瑜伽士,叫竹巴衮列(འབྲུག་པ་ཀུན་ལེགས།,Drukpa Kunley),他是噶举派密宗的很高的修行者,法力很强。他有点类似独觉的那种方式:不太讲法,但是用行动揭示出很多道理——这个可能说得不太恰当,噶举派的僧人要不高兴——但我只是说他的方式和独觉很像。有一次他和一群人一起渡河,首先碰到一条很小很小的河,竹巴衮列就把自己的鞋子和衣服都脱了,好像特别怕水打湿一样,其他人都没有脱鞋和衣服就轻易趟过了这条小河。接着,又

遇到一条大河，其他人都把自己的鞋子衣服脱了过河，结果竹巴衮列把所有的衣服鞋子都穿上，满不在乎地过了大河。其他人问：您怎么会这样呢？竹巴衮列说，世人就是这样，小的破戒，会特别小心翼翼地注意；遇到大的破戒，反而满不在乎！

　　我作为你们的上师，肯定不能鼓励你们去破戒。但我们在生活中确实有时候没有办法，还为此格外小心翼翼的话，就要想想自己是不是竹巴衮列说的这类人（笑）。生活中实在避免不了的造业，小的那些，没办法，只有多忏悔了。

　　（讲于2022年11月27日）

第十三讲　人身义大难得

继续讲广论,今天讲人身难得,这里面重要的是讲"八有暇"及"十圆满"的人身,要怎么理解这两点呢?

我们之前讲皈依上师的时候说,修行人要皈依上师,否则没办法修,修行没法开始。皈依上师是修行的第一步,在这上面绝对不能有错误。那么,修行的第二点就是这八有暇、十圆满,这些也是真正修行人的条件。

有暇,通俗地讲就是没有那么忙、那么辛苦的意思。我们下面具体讲何为八有暇。八有暇是八种无暇的反面。八种无暇分别为:一、地狱;二、饿鬼;三、旁生;四、边鄙人(即);五、长寿天;六、执邪见;七、佛不出世;八、喑哑等。

佛经上在讲八种无暇时,顺序有时讲的不一样,但顺序没有关系。比如龙树菩萨从那烂陀寺出来以后,到了印度南方,给那时的一位国王写过很多书信。这位国王,现在我们已经无法考证他的名字。龙树菩萨在书信里谈及这八种无暇时,顺序就和我这里列的顺序不一样。

前两种比较容易理解,就是我们不在地狱道也不在饿鬼道,第三种,旁生,就是畜生道,类似动物等等这样的众生。

注意之前说过龙族也属于此道。第四种，边鄙人，藏语叫做"ཀླ་ཀློ་"（音译：拉洛）。拉洛是什么样的呢？拉洛虽然是人，但他们是完全反对佛教的人。我们说的一般外道，在智慧方面，和佛教的看法不一样，但大部分属于"བྱེད་པ་འཚེ་བ་མེད་པ་"（音译：觉巴嚓瓦梅巴），也就是不杀人不害人的宗教，而拉洛是信奉害人的宗教的。佛教认为帮助众生才能成佛，拉洛的教义是杀人才能上天堂，信奉的是把佛教的教义完全反过来讲的宗教。

我用香巴拉的故事来说明拉洛是什么样的。德国的希特勒曾派人去西藏，当时对外宣称因为他们认为日耳曼民族和西藏有民族血缘的关系，但其实希特勒派人去西藏的原因，是和时轮金刚（法）有关的。

有关《时轮金刚》（注：是一部经，直译为《时轮金刚经》。《时轮金刚经》全称是《时轮金刚大根本续经》，简称《时轮经》，由佛陀传给一位香巴拉的国王——香巴拉可以理解为另一个地球——又从香巴拉传给了我们这个世界。）里所讲的香巴拉的位置，有很多不同的看法，有佛教的看法，也有科学的看法，也有西藏学者的研究。关于香巴拉，西藏有很多介绍的书和地图，很多人写过怎么去香巴拉等等。拉加寺有个格西写过，而最著名的一本书是班禅仁波切写的。他们都说自己曾去过香巴拉，把自己的经历记录下来。但是按书上去查索，人人都查不到香巴拉到底在哪里。这个地方很神秘，地球上找不到。

我的看法和班禅仁波切一致，香巴拉是一个净土。我们现在看不见，要有缘分才能看见，它是隐藏的一个地球。我的结论是香巴拉和地球很接近，但又不在一起。就好比庙和城市的关系，庙和城市有一点距离，因为需要静心修行，但又没那么远，这才能供在家人结缘。香巴拉和地球的关系大概就是这样。《时轮经》里说，以后当科技发展能够达到时，地球上的人就有能力看到香巴拉王国，那里大部分都是修行有成就的人。《时轮经》中有描述地球科技的部分，比如可以跑的铁马，可以飞的铁鸟。到时地球会和香巴拉打仗，《时轮经》里说地球人会用铁的鸟、铁的象来打仗。《时轮经》里还说到，到了人能让水倒流（不需要借助设备）的时候，就可以看见香巴拉王国了。

《时轮金刚经》预言，地球人突然看见了香巴拉王国，那时地球已经被拉洛控制了。拉洛就要去征服和占领香巴拉王国，于是地球开始了和香巴拉王国的战争。香巴拉王国和西藏佛教的关系很密切，因此香巴拉王国的每一任国王，西藏佛教都有记载，到第二十四任国王时，就会发生这场战争。现在大概已经是第二十几任国王了。

觉囊派专长修时轮金刚法，修行到以后就可以去往香巴拉王国。香巴拉王国实际也是个净土，它的国王都是圣者菩萨。

但如果你此生转生为拉洛，那就没法修行了。刚才说的前面三条，地狱道众生没法修行，因为没时间没精力，在忙着受苦；饿鬼道的众生都快饿死了，自然也没有精力来修行；畜生道的动物们因为愚痴，没办法思维，也没办法修行；拉洛们不仅不信佛，而且相信的是和佛教完全相反的，认为杀人能上天堂，当然也没办法修行。

第五种，长寿天，就是天神天仙，这里面的天神天仙有些是没有身体的，他们也没有办法修行。

第六种，执邪见。这也是一类不信佛的人。但这些人和拉洛的区别是，他们主要是不信因果。"ལས་འབྲས།"（音译：凌记）是因果，"མོག་ལྡུ།"（音译：罗达）是不信因果的人。不信因果的，也没办法修行。

第七种，佛不出世。意思就是你在世时，不是佛的时间，佛没有出生过。我们现在是在释迦牟尼佛的正法住世时间里，佛陀已经出生过了，所以没有这个问题。但过去世、未来世的很多时间里，佛是没有出生的。那时的众生也没有机会修行。

第八种，喑哑。这里表面上说的是没办法讲话的人，实际上说的主要是脑子有问题的人，精神病。有些人是哑巴但是脑子很聪明，也还是可以修行的。

为什么说的是这八无暇？因为如果成了上述八种众生的话，没办法修行。邪见有很多，会成为修行障碍，却不一定完全没法修，但修行必须要相信因果。所以总共大概有这八个修行的基本条件。你们对照一下自己，看是否符合（笑）。

下面讲十圆满。

一、生为人；二、生于中土；三、诸根全具；四、未犯无间；五、敬信佛教。

前五条为自圆满。

第一个，生为人，好理解，我们都是人。第二个，这里中土的中，并不是中间的中的意思。比如我们说拉萨是中土，菩提迦耶也是中土，这里说的中土是指佛经佛法所在的地方，并不是指平常说的中间。一个地方可被称为中土，严格来说要具备四类佛弟子：比丘，比丘尼，沙弥，沙弥尼。但现在会有些讨论：如果没有比丘尼，算不算中土？西藏是没有比丘尼的。台湾曾经有很多尼姑想请法王传比丘尼戒，但法王不能传，因为藏地没有比丘尼的传承。汉地的一个高僧说有比丘尼的传承，可以传给藏地，但传承上的记录没有那么清楚。所以直到现在西藏也没有比丘尼的传承。没有传承的话，就不能传。这主要是指戒律方面。佛陀那个时代，是佛陀亲自传的比丘尼的戒律。在戒律方面，其实大乘佛教和小乘佛教没有分别，大乘佛教的戒律也很严。比丘戒有二百七十多条，比丘尼戒有三百多条，大小乘是一样的。严格来看，中土必须有这四众。

第三条，诸根全具。就是指身体健康，没有什么残疾。如果没有眼睛耳朵的话，会有很大的痛苦干扰，难以修行。

第四条，未犯无间。无间罪是指杀了自己的父母，或者骂了菩萨等等。当然我们在生活中凡人看不出哪个是菩萨，哪个是普通人，这里主要指的是骂了一般人耳熟能详都知道的菩萨，比如观音菩萨、文殊菩萨等等。

第五条，敬信佛教。指的是你自己相信佛教。

这五条是自圆满，就是自身修行的圆满条件。第二条强调的是生于戒律存在的地方。这五条自圆满，大家检视一下自己，都有的话，是很高兴的事情。

下面五条：一、值佛出世；二、值佛说法；三、佛法住世；四、入圣教；五、善师。

后五条为他圆满。

第一条，佛出生过，这个刚才讲了。第二条的意思是，有人传法。这个传法的人，也许是佛，也许是阿罗汉，也许是出家人，都算。有这样的慈悲心，他们讲课对人有帮助。第三条，意思是有出家人按照佛陀讲的法修行。第四条，有很多人跟着这样的出家人，去修行，处于这样修行的氛围之中。第五条，自己遇到好的上师。这五条是层层递进，要融合在一起去想。这五条是他圆满，也就是修行的外部条件。

八无暇是讲八种很忙（忙到无法修行）的状况，十圆满是讲十种修行的条件。但有了这十种条件的圆满人身，如果自己不修行，那也没有用。所以要珍惜地去修行，不要浪费这些条件。

如果有了这样难得的人身，却不去珍惜，不修行，而只是沉湎于人身的快乐，生活上的享乐，比如吃好吃的，住好房子，那就跟动物没有什么区别，只是满足自己的感官而已。有些动物在享受上甚至远远超过我们。

因此不要浪费这个时间。做一个基本的修行人，这些条件必须要有。人身难得，身为人类，神都很羡慕。天仙死的时候，都希望下一世能够当人。

只有人类有条件、也有能力修行。除此之外，如果想要从凡夫菩萨修成圣者菩萨，也必须成为人类才可以。别的众生包括天人都没有这个条件。

为什么天人没这个条件呢？虽然天人也可以修行，但因为天人没有什么痛苦，所以能够修行得有限。天人可以修行得比之前更高一点，但到达圣者菩萨这一步，却只能是人身才能达到。

地狱道虽然有痛苦了，但全部都是痛苦，压得地狱众生根本没办法修行。地狱道的众生不像畜生道的众生那么笨，有些是有一定智慧的。为什么呢？他有一定的神通，自己能知道自己是因为什么下的地狱，自己能看到因果。这就类似犯法进了监狱的人，知道自己为什么会被关进来。所以地狱道的众生，不笨，只是实在没时间，而且痛苦太大了。天人呢，聪明，也有时间，他们也可以修行，只是修行不如人那么好。

如果我们有八暇、十圆满的人身，还去浪费时间不修行的话，肯定很笨。有个印度高僧(马鸣菩萨)说，这样的笨法，就好比去大海里取宝藏，到了有宝藏的地方，却没有拿，空手而归。会拿的话，就拿走最好的，不会拿的话，这也想要那也想要，装得太多，船也沉了。这个意思是说，不仅知道要去修，而且不能有"明天修后天就成就"这样的急迫心态，因为你没有那么大的能力一下子修成，就像船一下子装不了那么多宝藏一样。有些人一开始觉得很有意思，后来就坚持不下去了。其实修行和学习一样，你要成为一个很好的学者，需要长时间的努力，不可能一下子进步。就像你考大学读研究生一样，一两个月读完研究生是不可能的，每个人从小学到研究生读出来都需要二十多年的时间。

如果你是一个出家人，连续专心修行几个月，也许会有一点帮助和进步。但你们是在家人，平时就有很多事，不可能专注于修行，所以要想在几个月取得成就，那是很困难的。

出家人和在家人在修行方面，也有一定的区别。有人问，是从小出家修行好，还是长大了再出家好？有些人大学毕业了再出家，他有了思想，理解力强，有时候学得更快。但是在修行方面，从小出家的人心更干净。所以要选哪个呢？没法选。

　　从小出家的人心干净，是因为他在庙里长大，很多事早已养成习惯。比如说，还俗的出家人往往有个习惯是，比尊重自己的父母更尊重自己的上师。如果问他，父母和上师哪个更重要，肯定是上师更重要。这一点在家人可能很难理解。其实从小出家的人，在感情上，因为从小远离父母，天天讲课的是自己的上师，所以感情上也是和上师更近。我母亲很早就去世了，而我对上师的感情，比对父亲的感情更重。就是这样细小的习惯，从小出家的人早已养成了，不用特意去学。他就是会把自己的上师，自己的庙，自己的同修看得更亲。也有在家人做得很好的，比如噶当派的仲敦巴（仲敦巴为在家人）。如果这样长大后出家的人能做到跟从小出家的人一样的话，其实也没区别。仲敦巴对上师尊敬到什么程度呢？阿底峡尊者是他的上师，他一辈子都做到了只要阿底峡尊者要睡的时候，他永远是点个蜡烛，给上师磕三个头，然后往后退着走，离开阿底峡尊者。平常走路走在前面（带路）的话，或许会让上师看到自己的背面，但除此之外一辈子他不会用背对着上师，对上师的尊重他做到了。

　　我们平时要好好思考八有暇与十圆满。好的条件有了，不要浪费。

　　刚才说到印度高僧讲，得人身不修行，仿佛入海探宝空手归那么笨。这种笨，其实是辜负了你过去世中的努力。我们现在能得到圆满人身，都是过去世修行积累福报的结果。如果你不好好修行，或者修行得不是特别好的话，就浪费了过去的努力,你就要可怜以前的自己,白费了这么大力气,辜负了他。来世又要堕入轮回中去,也许比今生还不如。只有好好修行,不断往上走,才能最终解脱轮回。

好了,今天的课就上到这里。

答疑

问:曾和卓玛措师兄一起读到佛经里说,天人是某些善行的果报,是有福报的,可是您今天讲到八无暇时,却说有些天人也是无暇,这该怎么理解呢?

答:这两点是不矛盾的。说天人的无暇,是和圆满的人身来比。但天人本身的确有福报,就像我们之前讲布施的时候,布施就会积累这样的福报。天人也不是完全不能修行,他也可以修一点的,但很有限。

(讲于 2022 年 12 月 4 日)

第十四讲 三士道的方式

我们继续讲广论。

新的一年开始了,我们之前刚刚讲到人身难得,自己想一想,这一年,我们拥有人身的这许多时间,修行中能做到什么;这一年,要怎么多学多修,建立起一个目标,要比之前更努力地去修行,要更有进步,不要浪费时间。

有些人会说,我现在有很多事要做,做完了我再去修行。其实我们拥有人身的时间,事情是永远干不完的。今天有一个问题,明天还有另一个问题,后天还有……最后拖到死了的那天,也没办法解决。因此,从当下开始,就要每天去思考自己的行为,这么难得的人身,千万不要浪费。你们在家人有很多困扰,很难解决完,不要想着解决了这些困扰再去修,不要这样骗自己,说什么过几年再修行。从今天开始就努力修行,慢慢的,怎么说也会有进步。但如果你觉得,自己的人生还有很多时间,觉得还可以,到时候时间不等你。

为什么要修行?因为大家都喜欢快乐。而人生当中最重要的是自己修行好了,也可以帮助大家快乐。自己快乐了,才能去帮助别人,自己不快乐,没法帮到别人。因为快乐与否在于内心,真正的快乐只有从修行中来。这样的快乐,并不像你得到某个东西时那种快乐,那种快乐是短暂的。

我给你们讲完了广论,你们课下再自己去看书,自己去思考,这样对自己有帮助。

好,这就是我新年的一个开场白。

今天接着上次的内容继续讲,很难得的人身是什么样的。

上次说到人身难得,今天我们继续讲怎么难得。在地狱中死后,再投生到地狱中去的众生,就好像大地中的土一样多。但是从地狱投生到善趣中的众生,就好似佛指尖所取的土那么少。善趣里的众生为什么死后会去地狱呢?之前我们讲到十不善,就是因为做十不善的人很多。十善是修行人的基本标准,然而真正做到的人很少。比如你想想自己平常一天里说了很多话,关于佛教、关于修行的话也许一句也没有,没意义的话很多。二十四小时里除了七个小时睡觉,别的时间会各种各样话题地聊,大部分都是没意义的话,造很多口业。这么想想看,十善你都能做到吗?

噶当派的习惯是,人多的时候少说话,自己一个人的时候要常常观察自己的内心。如果你去观察,大部分的人都在浪费时间,死后要下地狱。比如有的人,喜欢说别人坏话,说的时候他觉得很痛快,其实他不知道说这个的结果是会带来下地狱的痛苦。

有人去见一位法师,见面就问:最近有什么新闻?法师回答:我不是说新闻的人,我不知道有什么新闻。这些所谓的"新闻",其实大部分说的都是要下地狱的事。

人们这辈子做了这么多坏事，以前（过去世）也做了很多下地狱的事。有些人下了地狱了，还了（自己的业债），投生到善趣。但绝大部分都是不停地在地狱里转生，不停地不停地做坏事，还是很难投生到善趣。这就好比一个人犯了罪被关到监狱里去，就算刑满释放，这个去了监狱里再回来的人，人生还会好吗？所以说，一旦下了地狱，就很难好，会反复一次又一次地下地狱。

如是这么想，就应该觉得这样难得的人身不要浪费。龙树菩萨的书中曾有个有名的比喻，大海里有一只乌龟，这只乌龟每一百年才把头伸出海面一次。大海上扔了一块中间有个洞的木头，这块木头就在大海里漂转。赶上有一次乌龟把头伸上来正好头套在那个洞里，人身就是这样的难得。现在想的时候，这几乎是不可能的事情。

答疑

问：您说的这个比喻，是指从恶趣投生到善趣的难度，还是指投生为人身的难度？

答：从恶趣投生为人身。

所以我们说，要这样地思考人身，这是很难得的机会。

有一个人丢了一样心爱的东西很久，找到以后，拄着拐杖去看，看到那样东西，觉得像做梦一样。（广论原文：如昔垒宇有一雕房，名玛卡喀，甚为壮丽，次为敌人所劫，经久失坏。有一老人因此房故，心极痛惜，后有一次闻说其房为主所得，自不能走，凭持一矛逶迤而至。如彼喜曰：今得玛卡喀，宁非梦欤。）

我们获得这个人身也应该像这个丢东西失而复得的人，觉得太好了简直不相信，欣喜如梦一般，要用这样的想法，去思维人身的难得，这样的机会不要浪费。要把人身看作你特别特别想得到的东西，不要辜负了这个人身。现在我们获得的是十圆满的人身，修行的条件全部都有了，就要好好修行，就像我今天开头开场白说的那样。

用这个人身修行，需要以四个方式去思考。这也是开始修行应有的想法，必须去做。

一、所有众生都喜欢快乐，不喜欢痛苦。要快乐就要去做能带来快乐的事，想去做能带来快乐的事。因此只有修行。

二、要想到自己有这个条件修行。外在的条件：有上师带领，内在的条件：有十圆满。

三、这辈子就要去修行。如果这辈子不做，而人身难得，以后也许很难有机会再修行。这辈子做了，下辈子还是人身，继续修，慢慢有机会成佛。

很多人说，我要是见了佛就好了，就能成就了。其实见了佛也是一样，佛讲的如果你不做，也一样成就不了。其实我们这个世界有佛，法王就是真正的佛，可是你见了他就能成就吗？自己要去解决自己的心。你如果只是磕头，磕几万个头，福报肯定有，但关键还是自己的心要转变，要改变自己的习惯和平常的做法。要时时观察自己的内心。修行并不是为了追求舒服。

有些人说，我工作压力大了，就找个安静的地方打坐。这可以算是放松的方式。但如果说这样的打坐是修行，那谈

不上。要成就的话，这什么都不是。修行需要自己给自己压力，不是那种工作压力的压力，而是下决心不要做自己思想的奴隶，不要跟着烦恼走。

有些人说，我心情不好，出去转一转。那明天心情不好了怎么办？再转一转？这样的话，不如去观察今天不快乐的原因。修行上外面给压力很难，但是自己要给自己压力。聪明的人，会观察自己的内心。

四、现在开始去修行。真正的修行人，一天都不会浪费。

常听到有人说，到了五六十岁，退了休我再去修行。问题是你能活到五六十岁吗？死亡无常，也许明天就死了。因此不能说等到年龄大了再去修行。

如果一天二十四小时全部用来修行，这个很难，但如果一天拿出一小时来修行，这个应该是可以做到的。供佛念经，是增加自己的福报。同时，自己要去思考自己的心，一天里反复思考，之前说了一天四次。有时候跟人家说完了话，回来自己思考：刚才说的话有意义么？

以上四点，是平常应有的思维：为什么修行？因为众生喜欢快乐不喜欢痛苦，真正的快乐只能靠修行。修行有条件吗？有。这辈子有这样难得的人身，必须要做。一年两年三年之后再开始修行吗？不，从今天开始。宗喀巴大师说，重要的是去想这四点。

人身难得，还可以从因果上面去想。今天能得到这样的人身，投生善趣，是因为以前的善业所积累的福报，其中最重要的是持戒，还有布施。获得十圆满的人身，重要的是持戒、布施，当然还有自己的发愿。这是从因的方面来说。从果来说，地狱里的众生，投生到善趣的人很少，即便是投生为人类，获得十圆满的人身也特别少。

有这样一个故事。西藏有一位上师在讲人身难得，汉地有个弟子听了，对上师说，你们西藏之所以觉得人身难得，肯定是因为西藏人太少了，如果去我们汉地看看，到处都是人，人多得很，人身没那么难得。

但如果和动物比的话，人身的难得就显示出来了，小小的一条河里，都有上万种动物啊！青海湖里鱼的数量，还有各种小虫的数量，肯定超过人的数量。这样想也是一种方式。动物们还只是畜生道，地狱、饿鬼道中的众生其实就更多了，但我们看不见。人身还是稀少难得的。

再者，这个世界几十亿人口，可信仰佛教的才有多少人？佛教中真正修行的人又有多少呢？西藏的出家人挺多了，但无论怎么说，其实出家人也还是少的，最多十几万，比起整个的人口，还是很少。从过去的传记故事上看，修行成就的就更少了。

我反复讲也是这个意思：真正修行的人很少。我们要做真正的修行人。觉得自己拥有人身，自己属于修行人，很开心，没浪费自己的人身。

下面我们来讲三士道。这是真正去修行的法，三士道里面的方式，包括一切佛法中的精华。

佛以前发心，增加福报，最终成佛，都是为了利益众生。因此，自己也去努力，给众生讲法，也是为了众生能够解脱轮回，能够成佛。

殊胜下士道，是为了修来世的人天福报。普通下士道，是为了修现世的福报。

怎么理解呢？我简单讲一下一个人学佛的历程。开始学佛没学多少的时候，就想着要拥有更好的人生，慢慢的想下一世要成神仙。有这样想法的人，就是下士道。很多人布施，是为了来世当神仙，觉得神仙最高。这其实也是最开始时必须要有的想法。接下去，中士道，就是独觉、阿罗汉。这时的想法是：重要的是解脱轮回。他体会到了反复在轮回里转的痛苦。菩提心这些虽然也说，但他内心觉得重要的是解脱轮回。然后是上士道，显宗，密宗，都是为了众生。此时心中有了大慈悲心，有了菩提心。道次第的这一段讲述，你们自己可以慢慢看。

有人觉得三士道讲的是不同的三种人。直接来看，似乎是这样。上士道，中士道，下士道，这三个名字是从哪里来的？并不是阿底峡尊者发明创造的。以前的佛经里也有，只不过阿底峡尊者把这三士道讲得更清楚。阿底峡尊者说了，三士道是一个人修行的路，而不是三种不同的人。为什么这么说呢？广论讲了原因。原因是下士道，中士道，这两个都帮助和带来上士道，按次第修的话，很容易把人带到上士道。

一个人，开始对佛教有一点点的理解，希望来世成神仙，慢慢觉得轮回苦，再慢慢觉得所有众生都在轮回中苦，希望更多地帮助和解救众生。这是一个人思考的经历。比如我的上师说，"我现在肯定是中士道"，这是就一个人的思想进步的层级去讲的。

有些人会说，既然下士道、中士道，这两个都是帮助上士道，那直接讲上士道行不行？直接讲菩提心行不行？这是不行的。因为这两个是学习上士道重要的基础，没有办法分离出来。这就好比明天要比赛，今天必须要训练一样。

这也好比，最后成佛肯定是密宗快，那直接讲密宗行不行？不行。直接讲的话，根本听不懂。如果显宗不学好就去学密宗，那只有下地狱。唯有一步步地从人身难得、念死亡无常开始学，慢慢才能学得很深，才学得懂。

直接学密宗还需要平时在上师身边，那样你才能学。现在我们没有这个条件。但现在我讲广论，你能学，渐渐学得多了，其他外面的人所讲的内容到底对不对，你也有能力分辨。

答疑

问：上师，我们知道了人身难得，也懂得今生应该努力修行，但有时觉得修行有些累了，应该怎么办呢？

答：还记得之前我给你们说的那个故事吧。一个印度教教徒和鹿野苑一位僧人的对话。

我觉得如果实在太累，还是要让自己休息一下的。如果你累了还要打坐，那就会不专心。身体不好的时候，佛陀也说过，可以休息的。

因为修行不是一天两天的事，而是一辈子几辈子的事。如果你很累了还努力，压力就很大，不要给自己这样的压力。

如果你是心里疲惫厌倦，那就要思考一下这是从哪里来的，原因是什么。心里的问题如果没办法解决的话，会带来病。其实，心里有压力往往都是因为"我"，把"我"放得高了，

所以觉得自己什么都不顺利。就要反问自己，天天说"我"，有意思吗？你可以仔细观察一下，话语里肯定很多都是"我"，比如"他对我不好"。觉得什么事是应该的，其实没有什么是应该的，这样还去想"应该如何"，对自己有帮助么？《入菩萨行论》中说，我们能改变的就去努力，不能改变的也没办法。

有时心里的压力来自于希望完美的想法，而这些有时恰恰是烦恼。有些想法，比如"事情来了再解决"，看起来象是逃避一样，其实有些烦恼就可以这么过去了。痛苦没来的时候，想也是白担心，等痛苦真来了再说。这种傻傻的想法，有时反而好。我以前也有这种完美的想法，所以心里有压力，法王才会对我说："不要想那么多，开心一下。"坏的事，该来的就会来，如果不能改变，就放弃。在坏事来之前，别把自己吓死（笑）。

问：请问上师我们每天打坐，具体要多少时间，几次？每次要多久？有没有更具体的要求？

答：之前说过，顺其自然就好。如果你觉得舒服，就多打坐。之前我们说真正的打坐很难做到，如果你能做到一两分钟抓住了念头，那可以再长一些。中间有休息也可以。但如果你没做到真正的打坐就去加长时间，很容易出现各种问题。我的建议是，每次打坐短的时间，多打坐几次。

有的时候，也许可以换一换观想的对象。比如早上观想佛陀，下午观想观音菩萨。这也许对有些人会有帮助。心里本来不乱的人，观想一样的就可以。心里本来想法多的人，打坐时试着观想不同的对象，也许会有帮助。

（讲于 2023 年 1 月 8 日）

第十五讲　死亡无常

上次讲到了为什么要学习广论，为什么要按下士道、中士道、上士道这样的次第来学习广论。其中，下士道重要的内容是关于恶道的痛苦，死亡无常；中士道学的是即便脱离了恶道，哪怕成了神仙，只要还在轮回中，还是有痛苦，不仅死亡痛苦，生的话也有痛苦，因此要解脱；上士道讲的是怎么成佛，要学大慈悲心和菩提心。要成佛的话，下士道和中士道里面讲的皈依三宝、增加资粮，也要学习。

有的人有误解：觉得下士道、中士道，和上士道没有直接的关系。但实际上，学上士道之前必须要知道下士道和中士道。如果觉得完全没关系，以后再学上士道就难了。最后我们要成佛的话，必须一个一个依次第去学。在上士道时重点学的菩提心，从下士道、中士道一开始也就要讲。下士道并不是光讲死亡无常这些的。比如，一开始打坐，就要想慈悲心这些，有时可以念和菩提心有关的咒，比如观音心咒，再比如我前几天给大家发的《菩提道次第胜道启门颂》，让大家一天念一次，其中包括了广论下士道、中士道和上士道的所有内容。

我们说为什么念很多咒和经不能光是嘴里念，还要懂道理，要慢慢地想。我们现在的学习有一个次第，有个顺序，一个一个地往下讲：下士道、中士道、上士道都讲了，最后再讲一点点密宗。这样你念摄颂的时候，每次念都细细想，有很大的功德。有些出家人从小就背熟了经文咒语，天天就这样念也不去想，有时候出家人会有这个问题。

我们在庙里时，有时候念《心经》，念一遍最多要一个小时。你们都知道《心经》，非常短，才二百多个字，但我们要一个字一个字地慢慢念，每一句念的时候，就要冥想，要懂每一句的意思，慢慢地打坐，去体悟空性。因为《心经》就是讲空性的，是深奥的智慧。所以每次这样念《心经》的时候，庙里平常管理出家人的僧人，也不能像平常一样转来转去地打不专注的出家人，不能去打扰。

再比如六字大明咒，你平常如果只是念而已，那当然也有念咒的功德。但真正的念咒是要去观想观音菩萨，观想所有的众生都在你前面，然后去观想观音菩萨的大慈悲心，这样的念诵才是功德圆满。否则，如果你没有去细想，只是这样念了一万遍观音心咒，所产生的功德是不完美的。咒就连一只鹦鹉也会念，但它不会想。它这样念完，功德肯定有，但到底有多少，就很难说。这也是为什么念密宗的咒语要去观想本尊，要懂得咒语：这样修法时就很容易成功。否则如果不懂的话，闭关修行十年也没有用。因为这十年的苦修功德，肯定人会有点不一样，但无法成就。真正地修行十年，如密勒日巴一般，真正地懂，修起来就简单，容易迅速成就。

以上，我们把怎么去修行的顺序讲了。作为一个人的修

140

行，起初了解了人身难得，死亡无常，希望解脱轮回，后面再去想到众生都是如此痛苦，希望成佛帮助众生。接着怎么成佛呢？要靠六度，靠四摄法帮助众生。

这时，就需要修止和观，需要积累重要的二资粮：智慧资粮和福德资粮。对于修行人来说，二资粮很重要。资粮是我们人类得以生存的条件，就好像对在家人来说，财宝是很重要的。但光有财宝可以吗？不行，需要有智慧才能善用财宝。否则，就算你父母很有钱，去世时给你留下了一大笔财富，你要是很笨的话，父母给的财富也守不住。

修行人的资粮要怎么来？通过六度而来。福德资粮通过布施、持戒、忍辱、精进而来，智慧资粮通过禅定和般若而增长。平时你经常思考，增加的是智慧资粮，去帮助别人，增加的是福德资粮。月称菩萨的《入中论》，是首长诗，写得特别美，其中就讲到成佛没办法离开二资粮，就好比鸟儿需要两只翅膀才能飞翔。

上士道的学习，最重要的是慈悲心、大慈悲心、菩提心、空性，最终修到很高的成果。显宗学完以后，一定要去学密宗。因为密宗很容易积累二资粮，学了以后很容易成佛。如果学完显宗，但学密宗的时候并没有完全准备好的话，有些也可以再讲。比如，在显宗里学皈依上师，密宗里也学皈依上师，但密宗的皈依上师和显宗里讲的不一样，要重新讲过。密宗的四种灌顶代表四个不同的阶段和层次，每个阶段都会重新讲。下面的先讲了，再慢慢修上去。这个顺序，宗喀巴大师讲过，阿底峡尊者也讲过。

答疑

问:上师,在《入中论》的课上,您讲过一旦成为圣者菩萨,就不大可能选择再去修密宗。但广论这里又说,学完显宗一定要去学密宗。这两个看似矛盾,应该如何理解?

答:《入中论》是一开始就从初地菩萨讲起,已经成为圣者菩萨的修行人,就已经选定了这样一条路。这就好比上大学,他们已经选好了大学,而且付了学费,所以就不会再选择其他大学去修。但我们现在讲的广论,是面对凡夫的修行者,就像还没有选定大学的人,现在可以选择一个更好的大学来修。

有人也许会问:从下士道到中士道再到上士道,这样的一条路,绕得好远啊,为什么要绕那么远呢?其中的道理是这样的:

一、没学下士道和中士道,直接修上士道、修空性的话,就会因为基本的都没学,傲慢心会很大。这样的人平时会说,我学的是大乘的法,我很厉害。虽然大乘的法是很厉害,但你也要真的懂啊。

二、人与人在智慧方面不一样。佛陀的书里说,在智慧上,有聪明人,有不那么聪明的人,有有点笨的人,还有特别笨的人。聪明的人就是我们之前讲的,做事之前会去思考自己能做到么,能做到就去做,如果知道自己做不到就不贸然做的那种人。广论按次第的讲法,对于有点笨的人以及特别笨的人来说是适合的;对于聪明人来说,他听了死亡无常,肯定也会更加稳定、更加坚定自己的修行路。当然,我们现在

都应该属于笨人，因为佛陀所讲的聪明人那得是特别特别聪明的，很难达到的。这样的次第，并不是阿底峡尊者凭空自己创作的，佛陀的书里讲过，龙树菩萨、寂天菩萨的书里都讲过，以前的修行人也讲过，最重要的当然是佛陀亲自讲过。他们都说过真正的修行人必须这样按次第来修。这样，聪明人其实也不会浪费时间，笨的人慢慢学也很适合。

现在我们开始讲死亡无常。真正修下士道的死亡无常，有四点：一、没去想死亡无常有什么坏处？二、念死亡无常有什么功德？三、怎样修死亡无常？如何生起念死之心？四、观死亡无常要怎么去想？

一、没去想死亡无常有什么坏处？

我们人所经历的无常，大致分为粗细两种。细的无常是指一个又一个刹那的变化，而粗的无常是指所有的人有一天都会死。大部分人会怎么想：我今天肯定不会死，明天肯定也不会死……在没死之前，他天天都会这么想。由这样的心理，人们就喜欢去做计划，这一个月干什么，这三个月干什么，这五年干什么，这十年干什么。之前我们在西藏是没有什么计划的，但是到了美国也难免入乡随俗，需要有时间表和计划。

如果没有去除这样的想法的话，就会在人身中轮回很长。制定了三年五年十年的计划，肯定想不到自己万一哪天死了以后会怎么样，也就更不会去想解脱轮回了。真的是这样。

在生活中，你去制定三年五年的计划，是可以的，现代生活也不能避开这样的计划。但问题是，不能执着于此。比如你对自己说,这一年必须要干这件事,这就叫执着。因为你会为了完成这件事不懈努力,但这种努力可能是浪费,比如突然病了,这时候再后悔想修行,已经来不及、没有用了。

当我们死的时候,只能相信佛教,这样才有帮助。如果到死的时候,相信了有轮回,那为什么现在要浪费时间呢?

我们都知道死亡的痛苦。人人都怕死。很少有人在死亡时没有痛苦的,即便是死亡之前几天的压力,都很痛苦和可怕。你们没事的时候躺在那里想象这个压力,哪怕只想一分钟都会怕了。而这个死亡的痛苦随时会来,比如我小时候很顽皮,经常爬上爬下,有一次摔下来晕过去,从高处掉下来的一瞬间,就会感到死亡的那种压力痛苦。但其实,死者大部分都有恐惧。死亡以后,死者变成中阴身状态,就像在梦里一样,但梦里没有那么怕,中阴身的感受要比梦里还真切得多,比如自己在龙卷风里行走,那肯定恐惧。死亡以后变成中阴身,说话了家里人也不理你,没学佛的话甚至都不知道自己已经死了。学佛的一下子知道自己死了,会心生恐惧,心里说不出来的痛苦。噶当派的僧人死的话没那么怕,因为他们天天念死亡无常,知道是怎么回事,但一般人是很难做到的。

如果真的做到、修好了死亡无常,那么死亡时就没那么大的痛苦。但如果你想着退休以后再去修,那不如从现在开始就去修。现在有空的时候就多去思考,这些思考都是修行,并不一定要去山上才是修行。如果你念死亡无常真正学好了,再去山上,那容易有成就。如果没学好就去山上,觉得这样就是修行了,这样的人也有很多,其实他们也有他们的痛苦,

我知道的。如果没办法去想这些的时候，自己积累的功德也没那么干净，根本没办法成为一个很好的修行。这就好比不干净的水你能喝吗？

如果没有去想死亡无常，就还是这样如常地在生活中，就还是喜欢别人尊重你，生活在轮回之中，希望自己比别人做得更好，做不到的话生气嫉妒都来了，还是有很多烦恼。

所以说，死亡无常是修行的根本、基本。噶当派认为，把死亡无常修好了，下面才能学。如果没去思考死亡无常，那么解脱轮回和成佛的路就都断了，根本没办法修行。

二、念死亡无常有什么功德？

想到明天可能会死，甚至今天下午自己可能就会死，很细地去想，真正地去想，反复地去想，就会对佛法懂得更细，用得更好。比如想要再去买什么东西的时候，想一想死亡无常，觉得自己条件已经可以了，要去买这些东西，要去多赚钱，有意义吗？今天你想赚一百万，赚到了手明天又想赚二百万……人的贪心都是越贪越大，贪不完的。权力也一样，今天当了县长，明天还要当州长、省长，要当总理。不如这么想：可以了，没有这东西一样的。人总是喜欢更好的，再好的……东西永远买不完。如果一时不能做到那么好的修行，想想这些起码可以提醒自己。有时吃了很好的东西，明天还想要更好的时候，就对自己说：可以了，可以了。

要以这样的心态去生活。如果只是天天盯着想死亡无常，那也没意思，要念死亡无常，然后对生活感到知足就好了，不要因为不知足给自己那样的压力。

人人都爱听好话，天天希望别人夸自己，觉得这样脸上有光，都不愿意听真话。有的出家人，学问特别好，他也知道别人夸自己的有些话很夸张，但他跟我说，虽然知道夸张，听了还是很高兴，很开心。大部分的人都会这样。

大部分的人讨厌被骂，但我觉得骂还更好。尤其是我当了仁波切以后，更没人骂了。我会想，有人骂的话，那些人的话里暴露出来的矛盾才是真话。我就会从这骂里自己去思考，自己到底有没有人家骂的问题。人家当面夸你的时候，不要听，那肯定是假的。但如果是不当面，跟其他人夸你，也不要被这样的夸赞所迷，困扰在这上面。有时候修行人被泛泛夸修行好的时候，尚可保持清醒，但别人具体夸你修行能达到什么什么境界了，也容易迷惑。

真的去修死亡无常的话，会把皈依三宝、持戒、忍辱……看得很珍惜，因为这些能帮助自己修菩提心成佛。

三、怎样修死亡无常？如何生起念死之心？

之前我也说过，我在自己家里挂一根绳子，你们也可以这么做。我喜欢故事，你们汉地有关死了以后黑白无常来拿绳索绑了走的故事也很多，这挂绳就象征这样的绳索。你们可以把它挂在睡觉的地方旁边，临睡之前想一想，或者挂在关灯的地方，关灯的时候想一想：明天早上还能起来么？真这么想的时候，会真的怕，甚至想把挂绳藏起来，因为知道它代表了什么，觉得它老看着你，就觉得讨厌。有这样的反应，就是心里想了一点点死亡无常了。要买东西的时候，要想这些，比如女生背着的包，要买东西的时候看见包的肩带，也想象成黑白无常的绳索，这样就会把贪心和嗔心压下去一点点了。

　　有些人特别爱说夸张的话，或者骗人，这都是讲妄语。比如西藏人很喜欢拿三宝来发誓：如果我违背了誓言，就相当于杀了自己的上师，或者出我父母的血，还拉三宝来保证。这样发誓，一定下地狱。因为让佛菩萨来担保自己所做的恶业。还有说脏话的时候，是恶语，也要想一想。如果真的去想死亡无常，就会想到这么做了以后，真死的那一天，十八层地狱里，自己要因为撒谎和恶语受铁水灌到口里的罪。

　　（讲于 2023 年 1 月 15 日）

第十六讲　死亡无常的心如何生起

今天继续讲广论。上周讲了一点点死亡无常的内容，今天继续。

以前有个故事，说是有个老出家人去庙里找一位住持，结果住持不在，问他的徒弟你上师去哪里啦？徒弟回答，我上师去那些老爷爷老奶奶家里吓唬人了。原来，他上师是去在家人那里讲死亡无常了（笑）。我今天也来"吓唬"一下你们。

下面继续讲第三点，死亡无常的心要如何生起。

很多人害怕失去自己的家人，心里害怕死亡，但真正的修行人却不当作什么，这是因为他们修了死亡无常的缘故。怎么去修死亡无常呢？大部分人怕家人离开自己，这样的心情谁都有，但一直是这样一种心的话，根本不是修行人。虽然我们怕死，但我们并不是因为怕死才去修死亡无常的，修行人远比这个高，我们需要考察死亡无常的原因。修死亡无常的原因是，我们知道自己在没有成为圣者菩萨之前，身体的来和去都是出于因果业力，自己不能决定自己的生与死。而出于因果的身体，就必然会死，难以脱离轮回之苦。我们

因此而痛苦恐惧，以至于反复轮回，这是修死亡无常的动机。

死亡之后，无非是两种路，一种是好的路，一种是坏的路——下地狱。作为凡夫，下地狱的痛苦你会怕，因此就要去选一条好的路。就要以这样的方式去想死亡无常。

月称菩萨的一本书里说，如果在生活里没去想死亡无常，认为都是恒常，这样下去是没办法修行的。肯定是心里有痛苦，才来修行。很多年龄大的人更迫切感受到了死亡的压力，从而去修行，就是这个原因。所以，知道了苦，就去修行。知道死亡无常，所以知道该怎么去修——不好好修的话就要堕入轮回。

四、观死亡无常要怎么去想？

1. 自己必定会死。
2. 自己什么时候会死？没有确定的时间。
3. 死亡的时候，只有佛法才能帮你。

1. 自己必定会死。

肯定会死的原因是，生命是由因果产生的，随着业力投生的身体，一定会死。有关这一点，宁玛派的大圆满讲得更细，有很多比喻。从前来的佛菩萨，过去现在未来的三世佛，都一个个去世，以前的高僧，也全部去世。更何况我们这些凡夫呢？

小乘里讲佛陀的故事，一开始就按死亡无常来讲。说佛陀为什么去修行？因为他感受到了四谛中的苦。小时候他被封闭起来看不见这些，长大了，他在城中看到一个人病病歪歪，问这人怎么了，车夫回答说，他病了，人人都会病，你也会生病；又看到一个人死在路边，问是怎么了，车夫回答，他死了。佛陀问：我以后也会死？车夫说，是的，以后我们全部都会死，你爸爸也会死，你也会死的。因此佛陀最初去拜师求法，希望能够找到什么法是能不死的。他去找各种法，拜了很多高僧为上师，去学，学的时候也没找到。他很聪明，学了以后觉得这些法都不对，不能解决问题。就带了五个人，一共六个人一起去苦修，苦修了很久觉得没那么大帮助，而且因为苦修几乎不吃东西，身体太弱了没办法思考，后来他就吃了点别人送来的东西，再去修，最终成佛。这是佛经里很重要的一个看法：佛陀本来也是个凡夫，由凡夫的这样一个人身成佛，所以他都没有办法脱离死亡，因为人身的来去都是因果。

　　佛曾经在教导一位国王时说过，老病死衰四大恐怖就像四个极其坚硬质密、顶天立地的石柱一样，从四方压迫而来，众生皆被碾碎，无法逃脱，无论是快跑，还是用力气撑，还是用钱或咒语、药物，都没法逃。

　　佛陀这个比喻是哪里来的呢？从佛陀自己的故事中来。当时有其他的国王去攻打释迦族，要杀他们的族人，佛陀的族人希望佛陀能够帮他们。佛陀座下的弟子中神通第一的长老目犍连就把释迦族的族人藏起来，把两个人藏在大海里，另外两个人藏在佛陀的钵里。结果战争结束打开一看，这四个人也死了。所以他们哪怕不经历战争，也会因为自身的因果而死。所以佛陀说，从因果而来的身体都会死，我也没办法救。这个故事很多书里据说都讲过，虽然我没看到。故事真假不重要，但故事要表达的意思是对的：死亡无常来临时，

没有地方可藏。

噶当派有个好的修行人迦摩巴说：按道理来说，我们现在怕死亡无常，因此去修死亡无常，不断地修，平时念死，这样真到快死的时候，也没什么好怕的了。现在倒过来了，平时不怕死，不修死亡无常，死亡来时害怕了。

所以要经常地吓唬吓唬自己，去想一想死亡无常。这些你们自己去看书，比较简单，能看懂。

佛陀讲过一个关于怀孕的过程的经，《入胎经》。我在美国和几个人讨论的时候，用过其中的故事。有关人怎么怀孕，人身是怎么来的，专门有个佛经，就是这本经。从中阴身状态一直到出生，讲得特别细，一个星期一个星期，胎儿是怎么变化的，那些医生很惊奇，因为佛陀两千多年前讲的，和现代科学的认知，没有什么区别。那里面讲，出生下来健康的小孩，人身寿命最长就是100-120岁。这么长的寿命中，一个月浪费了减掉了，一天、一小时浪费了减掉了……这样你算算活了这么大，浪费掉了多少？我现在活到四十多岁，回想起来，大部分的时间都在浪费。每天早上起来，想想昨晚睡了一觉，又浪费掉七八个小时，要这么去想。按我能活一百岁来算，现在还剩下六十多年，今天早上起来要洗脸穿衣……又浪费了，这样一天里浪费掉多少时间？一个月浪费多少？一年里又浪费掉多少？

再按每天能修行多久来算，一天如果修行一个小时，一个月也才三十个小时，算下来一年里都没有修行到一个月的时间。生命中 80%-90% 的时间都是浪费的。

色拉寺有个老出家人，人特别好，很爱说话聊天，他有时候跟其他僧人聊了一会，突然说，今天又花了那么多时间聊天，浪费掉那么多时间。大家都很郁闷：明明刚才还聊得开开心心，而且是你自己来聊的，现在说得好像是我们造成的一样。老出家人说，开心是开心，浪费时间也是真浪费时间。

有很多比喻来讲念死。比如父母织布，用纺线一排一排地织。再比如牧人宰羊，一个羊一个羊地抓了，再去杀，羊从原地走向牧栏，每走一步，都是离死亡更近了一步。再比如，水流向大海，一个一个波浪向前翻滚，就像我们很快就死亡了。阿底峡尊者说，你要这样去想死亡无常。这些比喻可以去看一下。

所有外界的东西，都要以无常的角度去想。比如一个碗，你很喜欢，明天突然坏了，这就是无常。再怎么喜欢也有坏的一天，也许不是坏了，是小偷偷了。

迦摩巴大师有点凶，他有一次骂道：你们总是说你们想了死亡无常，想了想了。你什么时候想的呢？白天的时候，放任自己，晚上又在睡觉。怎么叫想了呢？这就是假话。

很多人讲了很多道理，讲得头头是道，其实没想。萨迦派有位高僧说，细小的水流，哗哗很吵，大的水流，却没有声音，很深的水很安静。意思是没学问的人特别吵，真有学问的人，没有说什么。我在脸书里也观察到，真正发有意义的东西，没什么人回。因为不懂的人没法聊，懂了的人又不来聊，觉得聊着没意义。

你们要问自己：真的去想死亡无常了么？

一个人从山崖上坠落下来，那个过程没法开心，肯定怕，而我们的人身就是这样，没什么可高兴的。这里有讲类似这样的各种比喻。所以我们说修行的时间很短，我们浪费了很多时间。

年轻时如果没有学佛，年龄大了再学，不如年轻时就开始学比较好。现在有时间，就要去学，年龄大了很难学，到时候身心衰退，脑子身体都不够用了，即便想修行也精力不足。

伽喀瓦大师说，我活了六十岁，真正修行的时间加起来，五年都没有，浪费掉很多。

2. 什么时候会死？没有固定的时间。

要去想：今天可能会死，要用这样的思想去想。一般人会觉得，今天不会死，明天大概也不会死，抱着这样的想法，就没有在修行，不是真正修行的心态。

讲一个宗喀巴大师的故事。他六十二岁圆寂。有人说如果他像龙树菩萨一样活到八十岁，修行成就有可能会超过龙树菩萨。当他知道自己快要去世时，他本来在讲密宗的法，讲到中间突然停了，说没法再讲下去了，他要去拉萨觉沃佛那里做法事。后来他去了拉萨做了法事。期间他派去汉地做国师的弟子释迦益西前来见他。其实之前汉地曾经请过宗喀巴大师三次，文殊菩萨说你去汉地对众生没有很大帮助，因此他自己没有去汉地，派了身边的一位僧人释迦益西代表他去了汉地。释迦益西平时贴身照顾他，为他做饭什么的。宗喀巴大师就详细和他交待了日后修建色拉寺的具体事情。

宗喀巴大师去拉萨的路上，身边有七八百弟子跟随，每路过一个寺庙，都请他讲法。他也都认真地讲，因为以后也没有机会讲了。有一次讲法过程中，他拿起一本密宗的书，问大家说：谁来保存这个书？问了一次，没有弟子敢应，问了第二次，依然没有弟子敢应，问到第三次，有一个出家人（喜饶僧格）出列，对着大师磕头说，他来保存。这个弟子不是日常跟着宗喀巴大师的那八个人，那八个人都见过文殊菩萨，都不敢来应。其他人都说，你疯了吗？这个说自己来保存经书的弟子回去以后也觉得自己是不是疯了，晚上就睡不着了，第二天又去见宗喀巴大师，说这本书还给您，责任太重了，我怕自己承担不起。宗喀巴大师说，这个缘分很好，你来保存吧。又很详细地告诉这位弟子，日后要去什么地方，他日后会有最好的弟子等等，告诉他以后要怎么修，讲得很细。还说到保存这个经很难，但是遇到了困难要怎么办。宗喀巴大师回到了甘丹寺后，举行了一个大的超度法会。那次法会不同以往，念经念得很长。之后，宗喀巴大师就闭关了，进去之后三四天就去世了。其实他早就知道自己何时圆寂，所以有准备。这就是神通啊。有人讲他是猜出来的，但绝不是猜的，因为对他临终和身后的事全部都很细地说了。

他的弟子知道他要去世时都非常难过。宗喀巴大师说，你们不要伤心，我写的所有的书，你们细细地去看。细细地看这些书的人，我其实还在他旁边。就算我还在世，也不可能讲得比这些更好。

宗喀巴大师的上述故事是宗喀巴大师的传记里讲的。宗喀巴大师座下最有名的有两位弟子，这本传记是其中的克主杰尊者（一世班禅）写的。克主杰尊者的天赋很高，他十二岁修行就超过了很多人。所以这本书是很真实的。广论就代

表了宗喀巴大师，他当时一边讲一边写，一个一个讲得特别细。通常是早上讲完了，晚上写下来。

既然死亡避不开，那你现在要做什么，留下什么呢？不是以在家人的角度，比如努力赚钱留给小孩。我们不要怕死亡，现在开始修，有准备。没准备的话，肯定会怕。我们修学广论，宗喀巴大师就是我们的上师。上师是怎么做的，我们也要按照他的方式，哪怕做不到上师那么好。平时没有病痛的时候也时常想一下，自己突然病了、快死了是什么样。如果你老想着，今天不会死，明天也不会死……那真到死亡来临时，没有准备，肯定怕。如果你想，今天可能死，明天也可能死……这么想的话，一是对死亡有准备，二是这样想的时候，生活里的很多事你都会觉得没有意思了，不会再困扰在这上面了。比如你想到明天可能会死，今天很多事就不会困扰了。

念死亡无常也不是说，既然明天要死，那我什么也不做了。你该做什么还是要去做什么，只是不要执着结果。我们的社会，是习惯计划的。但是计划却不要执着于计划，要在两者之间。你们的工作，肯定要做的。

书上很细地讲了各种各样的死亡，你们要去想，突然死亡的原因很多。各种磨难，各种病。有了各种病的时候，有时吃各种药都没办法帮助，平时要增加自己的福报、资粮，否则此时药和饮食这些力量就变得微小，很难帮助。这些都要去想。

我们要保持健康，所以要吃饭，病了要吃药。但是如果吃饭吃药做得过分了，也不健康，有时恰恰是害自己。人就是这样，有时自己以为是爱自己，恰恰做了害自己的事。

第三点，死亡时只有佛法能帮助你，这个我们下次再讲。

答疑

问：仁波切，上次跟您说过，我妈妈病重，后来得您开示和自己念经念咒之后，她最近总体的趋势变好，但是依然好好坏坏，我爸爸的情绪就很不稳定，他觉得我妈妈生不如死。这次我在养老院看见这些老人，也跟他们聊天，他们如我父母一样有诸多痛苦。我很希望能帮助到他们，但是他们不信佛，不知要怎么帮到他们。能否请僧人做法事或念经加持？

答：如果没有对佛法的信心，真正的信心，很难帮到他们。众生众生，不信的话，讲佛教的道理去帮助他们很难。他们没到那个缘分，就没有办法。

印度有位央掘摩罗，他的上师跟他说，你杀满一千个人，可以成就。他抱着这样的心，佛陀都没办法帮他。他前面已经杀了九百九十九人，佛陀知道他此时缘分到了，就往他那里去。那时他因为杀人而臭名昭著，方圆几百里的人都躲得远远的。他找不到人杀，就要去杀自己的母亲，他对母亲说：杀了你我就成就了。此时佛陀突然出现在他眼前，他于是丢下母亲就去追赶佛陀，要杀他，但怎么也追不上。他走得快佛陀就走得快，他走得慢佛陀也慢。他最后追不动了，停下来喘气，说：你干嘛跑得那么快？佛陀说：我没跑，跑的是你。央掘摩罗本来就非常聪明，一听这话觉得奇怪，就问他：你是谁？佛陀回答：释迦牟尼。又问：你是做什么的？佛陀就

为他说了法。央掘摩罗非常感动，觉得有道理。跪下来拜道：我走错了路，我要去修行。佛陀就带着他去闭关了。

央掘摩罗的故事说明，缘分到了，你能够得到帮助，缘分没到，佛法帮不了他。不信的人，即便是用神通法力，他也会觉得是魔术。信的人，即便不用神通，他也相信。

你能做的，只能是念佛经，回向给众生，回向给那些老人和你父母。

（讲于2023年1月29日）

第十六讲 死亡无常的心如何生起

第十七讲　佛的功德

今天继续讲广论，讲死亡无常的最后一部分。

3. 死亡的时候，死了以后，只有佛法能够帮助，除此之外没有其他什么能够帮助你。

家人、朋友在你旁边，你走的时候他们也没办法帮助；这辈子积累下来的财富，也没办法帮助，也没办法带走；即使出生时候带来的这个身体，也不得不放弃。

人生的命运就是这样，这些东西不仅帮不了你，有时还成了你的牵绊。比如你们在网上能够看到这样的事情：某地挖出了很多东西，比如埋着的碗里有很多金子，但里面同时有蛇、青蛙之类，和这些财宝困在一起上千上百年。在你心里放不下时，也许（下一世）成了鬼，也许就成了这样的东西。有时我们说什么东西被鬼缠上了，新东西没有这个问题，旧的东西有这个问题，原因就在于此。因为（拥有者）很喜欢这个东西，所以他就轮回在这上面，特别放不下，也许就成了这样的动物，全部都是因为放不下。这样的人，一辈子都没修好，死了还去做这些东西的奴隶。

死的时候只有佛法能帮助你，是在因果方面很细地帮你。

我们之前讲过,一个人要懂得事情有三种方式:一种就是直接懂,即现量的懂;一种是比量的懂,即通过思考和推理,能够明白;一种是圣教量的懂,就是我们不能直接懂也没办法推测的事物,唯有相信佛说的话。

在印度曾经有很多讨论,到底人有没有下辈子?有些印度教的支派认为,人只能轮回三四次,之后灵魂就消灭了;有的派别认为灵魂会去天堂……各种教派,对这个问题有讨论。因为很多外道也修止,修出来一点点神通,可以看到几世的事情,但他们只能看到三四世,超过了就看不到了,所以他们认为人只有三四世。只有佛陀能够看到所有的因果和所有的前后世,很细地懂得因果。佛陀说众生皆有成佛的种子,这个种子随着"灵魂"一起走,慢慢的可以成佛。

人要畏惧并避免下地狱,就要了解因果,做了坏事会下地狱。这里面,修出离心最为重要。如果你没有修出离心,那谈不上什么修行。修死亡无常是修出离心的最基本道理,为什么念死亡无常,重要的原因就在于此。人想成为阿罗汉也好,独觉也好,还是成菩萨、成佛也好,要是没有出离心,根本没办法。所以念死亡无常是最重要的。

博朵瓦说了一句话:死亡无常,你修了这个的话,财物啊、家人啊都不会牵绊,一个人能够准备死亡而不怕;如果没修到这个的话,就像水流下来在一个地方被东西堵住,没办法通,后面什么都修不到了,所以念死亡无常、修出离心是最基本的。铎巴也说:重要的是修死亡无常,如果修不到,就增加自己的资粮、福报。念死亡无常是修行重要的一个坎,出离心如果都没修好的话,说什么大慈悲心,菩提心……都是自己骗自己而已。

修死亡无常的时候，通常会遇到两个问题：一是觉得死亡无常太简单，空性、菩提心这些细的没讲的时候，好像感觉更厉害，所以看不起修死亡无常，其实这是因为自己根本没懂佛教。没有出离心的话，后面菩提心根本没法修。二是觉得修死亡无常没意思，对人死后有没有地狱有各种各样的怀疑。真的开始修行的时候，就有很多这样的干扰，这就需要好好念经（集资净障），不想去想死亡无常的时候，也要努力去想。不要觉得死亡无常不怎么爱听就不去想，不要骗自己。

菩提心是很大的词，说的时候往往不认识其对境的众生是指所有的众生，所以这个名词是很大的。那么菩提心的最开头是什么，肯定是你旁边的这些人。如果你跟旁边的人相处得都不怎么样，旁边的人全都是你的敌人，那么远处的众生又要如何去帮助呢？众生在哪里？最开头就是身边的人，你能帮到，后面再说远了的众生，这时候才可以说生起一点点大慈悲心。

后面的内容主要讲的是地狱，书上讲的应该大部分能看懂，自己去看。十八层地狱，里面有热地狱等等，你们自己去查，故事一样，其实要看。看了以后，地狱的痛苦你就知道了，这样你会害怕。如果你对地狱不相信，怕去思维死亡无常，死了你觉得是解脱，这样的话根本没办法修行。勉强修行的话，也没办法修行得那么纯净。你要去仔细思维，如果不相信的话，就各种各样地去细细想。

佛说了地狱，那么从逻辑上能否推出来？我们觉得很难。但是有个比喻也许可以帮助思维。我们做梦，梦里有时很痛苦，醒来后仍感觉梦里的感受非常真切，一天都不高兴。当你在梦里信了这是真实的时候，醒来的时候身体都觉得累，这累是怎么来的？《入菩萨行论》里说过，地狱在哪里？地狱不在其他什么地方，很多就在你心里。这要怎么理解？其实很难说。地球上有很多奇奇怪怪的地方，我们西藏就有很多。比如土地神所在的一个地方，在远处看起来某处有马跑，有很多人，在近处却什么也看不到。这些马和人存在么？如果说不存在，那远处看到的是啥呢？如果说存在，为什么在近处又看不到？地狱也是这样。比如地狱的第一层、第二层……你去找的话肯定找不到，但这是由自己的因果带来的，确实存在。我们知道很多和人们认知相悖的奇奇怪怪不可思议的事，在佛经里都能找到答案，佛弟子只能相信。

答疑

问：您的意思是，下地狱的话，找不到这个地狱？

答：我的意思是，地狱存在，但是真去找的话你找不到，除非你下到地狱里去。你做好多坏事下了地狱，就找到了（笑）。这就好比香格里拉存在，但你没有缘分的话，根本看不到，在地球上找不到。又好比佛菩萨就算来到你面前，你也看不到一样。有关地狱，我认同《入菩萨行论》里所讲的。

我们下面继续讲皈依三宝，今天是汉地的十五日，也是藏历的十五日，这是个讲皈依三宝的很好的时间。

皈依三宝对未来有什么帮助。有两个方面，一是人害怕下地狱，二是只有皈依三宝才能救我们，皈依了三宝以后，我们才能更好地修行。

接下来我们讲皈依三宝的对象，以及为什么皈依这三宝。

皈依的对象。我们说你要皈依，有这样一个心的话，这个皈依的对象一定要断除一切过失烦恼、圆满一切功德。重要的是你皈依佛，佛不会害你、也不会骗你。

为什么是三宝？皈依三宝的原因是什么？有四个原因。

一、皈依的对象自己有这个能力，佛有能力帮你。要不然，一个人自己都还没解脱轮回，怎么帮你呢？

二、佛有很多方法、有很多方式来帮你。他三转法轮，每次都用不同的方式。

三、佛有菩提心，他的心很宽容。如果没有那么大的心的话，帮助众生会有分别心，比如这个我帮、那个我不帮。佛陀没有这样的分别心。

四、佛陀并不喜欢财宝供养，不会因为财宝供养他就来帮你，不会因为你不进行财宝供养就不帮了。

所以总结一下这四点，一是他自己成佛了有能力，二是他帮助众生有很多善巧的方式，三是因为他的菩提心，他没有分别心地帮助众生，四是无论财宝供养与否他都会帮助。第三个和第四个都是因为菩提心，这两个的区别在于，第三个强调无论离佛陀远或近的人，他都会帮，没有分别心，第四个强调不是你来帮我、供养我，我就来帮你，没有这样的分别心。

如果不具备上述这四个条件，我们就不能皈依。比如土

地神，你可以求他帮忙，比如生活中的小事，他能够帮助，但你不能皈依他。皈依三宝的原因是，除了这三宝，没有别的能帮助我们成佛。三宝是我们成佛的原因。我们平时是怎么念的？

答：直至菩提我皈依。

这句话我们僧人开玩笑说，我们也太狠了，直至菩提我皈依，意思就是成了佛的话就不管你了。其实藏文里是有这个意思。原因是，成佛的时候，你自己就是三宝了。其实这个意思是有道理的。写颂的时候听起来有点怪，但自己成佛了，就不需要再讲皈依三宝了。

刚才讲的皈依三宝的四个原因，是三宝的四个功德，你仔细思维的话，会更清楚地懂三宝。

我们说三宝有两种，一种是外在的三宝。比如说"佛"，就是指佛像。说"法"，想起来那些佛经的书。说"僧"，想到的就是出家人。其实这些只是"佛法僧"的代表。

比如之前我们说修止的时候观佛像，眼前放的是一尊佛像，但你修的时候要观真的佛，而不是观佛像，心里想佛像是不对的，那只是佛的代表，不是真的佛。要真正去想佛，而不是去想佛像，否则这样的修行会有问题。

再说法，《大藏经》啊这些书，只是代表法，真正的法宝是指佛心中的法，书只是显现出来的法的代表。

僧，出家人代表了僧，但三皈依中真正的僧，是要能具八个功德定义的圣者菩萨。作为僧的代表，出家人我们肯定要尊重。有时候佛经的书,在汉地没看到过这种情况,但是美国人我看到过——念完了佛经,脚就在经书上跨来跨去,我们看了很无语,对佛经要尊重才是,因为是法的代表。释迦牟尼则是佛宝,这是外在的三宝。

最终能帮助我们的是我们心中的三宝。就是当你成佛时,你是佛,你心中有法,你自己也成了圣者菩萨,比如文殊菩萨这样的。修行以后你到了真正成佛时,就有了自性法身、智慧法身、报身、化身。

之前我说皈依三宝,主要是中观的观点,唯识宗和中观的看法有差别。中观认为修行人最后的路只有一条,就是成佛。而有些唯识宗认为,修行人最后的路有三个:声闻,独觉,佛。其中声闻和独觉不会成佛,只会经五道十地中的五道,最后到达声闻阿罗汉和独觉阿罗汉,但不成佛。中观说,人人都成佛,唯识宗不会说人人都成佛。这就是唯识宗和中观的差别。小乘的经部和有部也认可唯识宗说的这三条路。不过唯识宗也有各个派别,有个别派别这一点的看法和中观是一样的。我们是中观应成派,认为所有人最终都会成佛,声闻和独觉最终也会成为圣者菩萨,然后成佛。不过从声闻或独觉到圣者菩萨再成佛这条路,是选的显宗的路,一步步来,就是走得有点久。密宗里没成圣者菩萨就可以直接成佛。

成佛的话有上述所说的四身,即自性法身,智慧法身,报身,化身。刚才说的"ལོངས་སྐུ"(音译:龙格)是报身,就是有很多装饰的身体。成佛时必须要有这四个。一个人怎么成佛呢?

一、他的心成佛。

二、他所处的地方成为佛土。

三、显现出平时我们能见到的身体，比如释迦牟尼佛示现的样子。

四、化身，就是西藏说的活佛，佛可以有各种各样的化身来接引帮助众生。

皈依三宝，我们需要知道三宝的功德。

佛的话，佛的身体功德是什么？三十二相，八十随形好。佛身具有这样的特征。具体你们可以自己去看。比如其中一相是舌头很长，像狗一样长的舌头，还有一相是额头很大。拉加寺有个法会，法会上有两部经要念，一个是弥勒菩萨写的一部经（《现观庄严论》），一个是中观的一部经，里面细致讲佛的三十二相、八十随形好。有出家人开玩笑说，佛的额头大，我就是那样的。也许你们听说过一位有学问的人更敦群培说的一句话，他说，现在佛的三十二相，是按印度人的习惯和理解讲的，如果佛陀出生在汉地，他可能会长胡子，因为汉地有智慧的人都长胡子。有人问所有的佛是不是长相都一样？这个不好说，颜色上肯定不一样，但长相也许没差别，也不一定就一样，这个我们说不好（笑）。总之书上对这三十二相、八十随形好全部都写了。

身口意。刚才讲了佛的身功德，接下来讲佛的语功德。第一就是佛陀讲法的时候，各种各样国家的人都能直接听懂，不需经过翻译。比如你们听到的就是中文，美国人听到的就是英语，都可以听懂。第二就是讲课的时候听上去没有远近的差别，像龙叫的声音一样。这两点都是佛陀的特点。

心的功德。印度有一种果子是透明的，放在手上，就像玻璃一样，下面的掌纹能清清楚楚看得到。佛的心就像这样，对世间所有的事物都看得清清楚楚。

答疑

问：您刚才说"མཚན་སྐུ།"，报身，是什么意思？

答：我刚才说成佛的话会有四身，其实不是四个身体，名字不一样，只是佛面对不同的人有不同的长相，类似工作服、家居服不一样。一个人心成佛的话，身体也成佛。自己会有自己的佛土，佛境，在那里他的学生全部都是圣者菩萨。同时他可以有各种化身帮助众生。"མཚན་སྐུ།"也即报身，主要是密宗里讲的。

（讲于 2023 年 2 月 5 日）

第十八讲　法与僧的功德

上次我们讲到皈依三宝,这次继续讲。

上次我们简单讲了佛的身口意功德,细的你们自己去看书。讲了这些以后,修行的时候要知道三宝的功德,尤其是佛的功德。要去想,不是只想一次两次,而是要天天想,慢慢地在心里熟悉三宝的功德,这样才会越来越觉得和三宝很亲近,有这样的感觉时,修皈依三宝就会修得顺利。

念佛的功德,是为了自己以后也要成佛。一是羡慕赞叹佛有这样的功德,二是你自己也想修成这样的佛。有这样的想法是为了众生,而不是为了自己,因为为自己的解脱只能成声闻或者独觉。

这也是我们必须发菩提心的原因。我们学广论有两个意义,揭示一个人成佛的道路:开头是为了自己解脱轮回,后来是因菩提心希望众生都能解脱。这个(次第)在平常我们念的《菩提道次第胜道启门颂》里都有。

博朵瓦说:"反复地去想三宝功德,心会更干净,功德也更多。"我们平常想什么,往往那些想得多的人,烦恼也更多。比如,对平常人来说重要的是财富,还有名誉,这些注意得更多的时候，烦恼就更多。成佛也是一样的道理，当你更多注意佛的功德的时候，就会离佛更近。所以出家人早上一起来，就要去想佛的功德。

上次讲课时漏了一个，关于皈依三宝的。广论中讲授的顺序是：一、皈依上师，二、人身难得、死亡无常，三、皈依三宝。顺序是这样。为什么在讲皈依上师时没讲皈依三宝呢？因为讲了人身难得，懂得了我们拥有那么难得的人身之后，就不要浪费。因为有死亡无常，所以要抓住时间，不要等明天后天再去修行。信佛的人肯定会去修行，但往往到了人生最后才去修，已经晚了。因为讲了死亡无常，害怕了，所以赶紧去修。那么谁能帮助我们修行呢？如果你在这世界上做错了一件事，比如违反法律的话，肯定希望别人能帮帮你，因为自己单独去面对是肯定不行的。修行也是一样。一是要知道怎么去修行，二是要找到谁能帮助你，为了这两点，只有皈依三宝。这是上次漏讲的内容。

我们了解了佛的功德，就知道，修行路上最终能帮我们的只有佛。格西博朵瓦说，（在我们心中）有时候佛和算命的比起来，好像佛都不如算命的。因为如果你遇到一个算命很准的人，你就会一下子听他的，他说什么你都照着做。但佛说的你却不当作什么，因为感觉很远。如果死亡无常没有修好的话，肯定觉得佛说的话远，没注意佛说什么。

前面讲的是佛的功德，现在接下来讲法的功德。

一、法是从哪里来的呢？三宝里最重要的是法。佛是讲课的人，讲的是法。我们之前讲皈依上师，但在皈依三宝里为什么没讲皈依上师？因为把上师看作和佛一样。这一点，

显宗里没特别讲，但是密宗里，特别讲了要把自己的上师当作佛。有时候密宗里的修行人说，佛说什么什么，但是你去佛经里找却找不到，原来他指的是自己的上师，密宗里有这样的名号。也许可以说我的上师是佛，他讲了什么什么，这样就比较清楚。一下子说佛讲过什么什么，会让人有点迷糊。

因为皈依三宝里没有讲皈依上师，所以后来汉地的人就有一点犹豫。因为强调皈依上师这一点，汉地的人误解藏传佛教是喇嘛教，说印度没有讲皈依上师。我想，印度之所以没讲，一是因为密宗在印度没那么发扬，二是因为印度本来就有佛，所以不必那么强调皈依上师。而这一点在西藏讲得更清楚。

佛和上师都是给你传法的，但真正能教自己的，是法。也就是我们后来说的道谛。法是自己心中的法。简单来讲，佛是来讲法的，这是佛能帮助你的最重要的原因。因为你知道了法，可以自己一步步地来修。你懂了法，懂了事物的原因，再一个个很细地去修。

有些人在认知上有错误，说佛陀讲了八万四千法，法是各种各样不一样的。因为人很多，每个人都不一样，所以佛陀对不同的人讲的法也不一样。其实，佛法不是人自己创造的。佛陀讲八万四千法的原因，佛经里讲了，是为了对治八万四千种烦恼。并不是说八万四千法，对应八万四千本书。有人说，找不到那么多本书，你们瞎说有那么多法。其实只一本书，广论，里面就讲了八万四千法，这不是各种各样的法。从佛教派别来看，小乘主要分成两个，经部和有部，唯识宗里也分两大派（行相真实派和行相虚妄派），中观派里分应成派和自续派,其中自续派下面又分了两种(经部行中观自续派和瑜伽行中观自续派)。但八万四千法,并不是指这些派别学的不一样。在日常语言中,"八万四千法门"不是那样用的,重要的是八万四千法对治八万四千烦恼。

佛是自己走了成佛之路,然后他给你讲这个路。法是什么?法是我们心中真正的道谛,也叫"གྱང་འདས།"(音译:酿谛),名字不一样,"གྱང་འདས།"是涅槃的意思。

寂天菩萨的一本书里,讲了皈依三宝,再加一个皈依上师,这四个怎么去修:一、为什么要皈依上师。上次讲了很多原因,知道了皈依上师的功德以后,再去皈依。二、皈依佛。就好比你走路要去一个地方,需要有人为你带路指路,佛就是带路的,他讲的这些你去做,就做到了皈依佛。三、皈依法。是指无论是佛讲的还是高僧讲的道谛,你去听,然后去修。四、皈依僧。也包括了皈依上师。平常我们说的皈依僧里的僧,是指出家人,但又不仅仅是指出家人。比如,师兄在修行的路上帮助了你,也要对他有恭敬心、有尊重。真正的皈依僧里的僧,是指圣者菩萨。一般情况下,出家人代表了皈依僧里的僧。

有关皈依三宝,平常生活里经常会犯很多错误,需要避免。比如佛像,或者画的佛像,不能放在很低的地方。因为佛像也是"皈依佛"中的佛的代表,你皈依了佛,就要尊重佛。有人来问阿底峡尊者:这个文殊菩萨的像好不好?阿底峡尊者说:佛像没有什么好不好的,只能说这个画家画得一般。所以,不能用这样的字,问某个佛像好不好,只能说,这个像做得好不好,画画的人画得好不好,不能不尊重、不恭敬佛像。

还有代表法的佛经，不能放在地上，不能乱扔，你要尊重。上课的笔记也不能乱扔，要妥善处理。现在一般人的做法肯定有很多错误，需要纠正。否则你不尊重佛法僧，就会造很多业。一是你（把佛像或佛经）放得低会造业。二是这样一来你的智慧上会有问题。不过现在有些做法也很难讲，我们曾经有过讨论：比如手机里下载了很多佛经、佛像，手机却随时拿来拿去，放到哪也很难说，这样是不是造业呢？也有这样的讨论。

皈依僧。穿僧衣的你就不能骂他、嘲笑他，无论他是不是一个真的出家人。有些穿僧衣的是假的出家人。如果穿僧衣的人做了坏事的话，那肯定要说。但穿僧衣的人做坏事你去说他，不是因为不尊重他，而是因为你尊重法才去说。有些事不是坏事，只是你看了感觉不好，就不要说。比如有些穿了僧衣的人没那么有礼貌，也许只是你看的是这样，也许只是他不太在意世俗的这些礼节。文化不一样，不能瞎说。

很多修行真正好的人，是不太在意这些的。有个现象是：有些假的仁波切看起来比真的还像真的，因为假的很会装。真的按佛经去修行，并不在意别人说什么，他们在意的是自己是否真的修行。有时候，真正修行好的高僧，三大寺里没人知道。很多人对他们的做法不懂。因为在家人有的不懂真正的法，修行人不懂客气也不会说假话。

这一点也是宗喀巴大师最终没能去汉地的原因。有人觉得他如若去汉地，可以对众生帮助很大。但文殊菩萨对他说了，你去汉地的话，帮助不了很多。这个帮不了的原因有很多。

其中一点是汉地国王的权力很大,每个人都要按他的思想,捡他爱听的好话说。如果宗喀巴大师按这样做的话,他很难做一个真正的修行人。

一般僧人衣服里的黄颜色,在家人不能用,因为黄色是僧衣的颜色,尊重黄色也是尊重佛法僧。有关这一点,班禅仁波切很注重。青海那边有个女人,她穿着黄色的藏袍去拜见班禅仁波切,班禅仁波切不见她,说,你是个在家人,却穿着僧衣颜色的衣服,是不尊重三宝。班禅仁波切这么说了以后,很多年,西藏人都不穿黄色的衣服,尤其是裤子不能穿黄色。以前西藏人连红色都不穿,因为那也是僧衣的颜色。因此,从前的出家人很容易找到,现在就找不到了,因为现在很多西藏人也穿红色和黄色的衣服。但是为了不损害自己的福报,最好不要穿这两种颜色的衣服。(注:课后和师父确认,师父讲的红色和黄色,仅指藏红色和明黄色两种僧衣的颜色,桃红、玫红、粉红这种没关系。)佛经要尊重。这些都做到了,就真正尊重了三宝。否则在皈依三宝上,大的方面也有问题。

什么是敌人?有时敌人就是在你身边不停说好话的那个人。佛经里对魔的定义是:你去修行,此时破坏修行的就是魔。按照这样的定义,想想有时候是不是自己都是魔啦?去想想自己有没有做破坏修行的事。比如同修在修行,你说:可以了,我们去玩吧。或者:累了,出去转一转吧。如果几个人一起打坐,有一个人想继续打坐,这时你说这个话,你就成了魔。所以,修行上,即便是小的地方,也要很注意。嘴巴里说要修行修行,要怎么修行呢?广论里细细地讲了,全部都要注

意,自己有没有做过。

以上讲了三宝的功德,怎么修皈依三宝,还要懂生活中的皈依三宝。这周讲皈依三宝,这个缘起也是非常好。

印度有位高僧说过,法王也说过这个意思:我把心里的话该说的都说了,你们的选择是你们自己的事。班禅仁波切不让那个女人见他,因为他有这样的权力。但是有关修行,怎么做是你们自己的选择,自己不当修行人也是自己的选择。噶当派的僧人一天都要不断地想自己的作为,到了晚上睡觉的时候,你是骗自己还是没骗自己,只有你们自己知道。噶当派说,如果准确而真正地皈依了三宝,是不需要怕鬼的。皈依三宝是一个门,修行离不开这三宝。知道了这一点以后,就再没有犹豫。

平常早上起来就想一想三宝的功德,要多想皈依三宝的功德,想想自己是不是走错了路?除了三宝以外,还皈依过什么吗?有些土地神什么的,对人生也会有帮助,但是不能皈依他。皈依三宝里仔细讲了原因,需要真正的皈依。有时候汉地有点乱,汉地后来把玉皇大帝、王母娘娘这些都放在本尊里了,这是个大的错误。我给你们该讲的讲了,但你们以后做不做,是你们自己的事。皈依玉皇大帝这些是没有用的,虽然他可以在人生中帮你,但自己的身口意都给他是不行的。有人误解,说高僧也拜这些,其实那些是烟供,给他吃饭。很多这样的非人众生之于高僧,有点像奴隶一样的,但汉地误解,说成他是本尊。

佛教里认可的佛弟子可拜的对象,一是本尊,二是部分护法。我们说护法有两种,有些护法就像土地神一样,有些护法是佛菩萨的化身,只有后一种护法是可以拜的。宗喀巴大师详细讲了这样的护法有哪些:大黑天(玛哈嘎拉),阎魔王,财宝天王(毗沙门天),巴登拉姆,等等,这些都是佛菩萨化身的护法。比如大黑天是观音菩萨的化身,阎魔王是文殊菩萨的化身……巴登拉姆是吉祥天母的化身。

其实我家也有鬼,是第九世香萨仁波切抓来的,他就是我旁边一个打工的。我们有一个月会有法会念经,进行烟供和酒供,他会来给我们帮忙。各个庙里都供有土地神。但你们要能区分,对各个土地神,你们不能磕头,不能皈依,那就会失去皈依三宝的戒律,不再是佛弟子了。

真正心中有三宝的话,是不可能下地狱的。即便前面有一百个人拉你,后面有一百个人推你,你也不会下地狱。

把上师当作佛,这个很细地讲了。密宗里,你心中的上师就是佛菩萨。其实严格来讲显宗里也一样,如果你对上师有一点点的怀疑,就完了。如果不信自己的上师,没当他是佛的话,根本没功德。如果你把你的上师当人,那就会这么想:人人都会有错,我上师肯定也有错。这么想的话,恭敬心就出问题了,真正的恭敬心没有了。

只有真正把上师当成是佛,真正做到了,才能有所成就。密勒日巴做到了,他把上师真正当成佛。西藏人也把上师当作佛,没有怀疑。

皈依三宝是这样的,每天早上起来都要念一遍。

(讲于 2023 年 2 月 12 日)

第十九讲　如何供养三宝

我们继续讲广论。上次讲到皈依三宝,今天继续讲皈依三宝。

上次讲的是皈依三宝的定义,我们说有六个重要的共同教诲。之前讲三宝的功德,知道了以后,要怎么去修,怎么做。开始学的时候应细细地学了,否则如果各种各样的人各种方式来讲,那么听了会乱。

平常要天天想三宝功德,供养三宝。小的地方,比如吃饭之前,念经供养三宝。平常哪怕是小的福德,比如一餐饭,也是三宝的功德。一般不信佛的人会认为这是自己工作努力挣的;但信佛的人,哪怕小小的福报,他也明白是自己以前做的好事,过去世上师教导的(果报)。现在我们有能力来听大乘的课,都是因为累世的福报,因为以前做的好事。一定是因为过去世碰到好的上师,教了佛法,所以现在才有这样的福报。现在人不这么想。以前有个笑话,有个强盗骑着马看到一个出家人,就给了出家人一匹马,出家人合掌感谢三宝的功德。强盗说,那你去骑三宝的马吧!

我们活着,饭是必须要吃,吃饭前忆念三宝的功德,是有福报的。会念相关的经咒就去念,不会念的话,就心里想一下,回向给三宝。简单的就是吃的饭供养给三宝。法王曾经说过,有时候出家人天天念经,生活中的小事反而不注意。在印度的时候,看到很多的佛像、佛画,供养给三宝,好的东西要供养给三宝。有人问,不属于你的东西供养给三宝,有功德吗?其实是可以的。比如僧人化缘,化到的食物也供养给三宝。时时供养三宝,代表你什么时候都想到三宝,有功德。西藏的在家人喝酒时会用指尖蘸酒在空中弹三次,如果遇到很干净的水也会在空中洒三次,这样的习惯都是从供养三宝中来的。洒三次分别代表佛法僧。

其实真正的佛你没有办法供,只能供佛像和绕佛塔来代表对佛的供养。供的时候,心里要特别干净地供,供干干净净的最好的东西。为什么要供得干干净净?因为这和未来的长相、身体健康都有关系,否则缘起不好。供的时候,嘴里要念咒,供养之后,再看自己放置的供品歪不歪,渐渐习惯了,慢慢熟悉(这些供养的仪轨)。

最好的供养是什么?如果我们懂得空性,供养的时候想一想空性,功德更大。如果不知道空性的话,想一想三宝的好处也可以。

自己去做供养的时候,有时候不想干,拖拉,觉得自己身体不好不想供,懒了,对别人说:"你来供吧!"这样不好,最好是自己供。有时候别人想来做这些事没有这个条件,此时可以拉着别人一起,比如一起念经,你鼓励别人说:"一起念吧。"慢慢他就习惯了。或者说:"我们一起去庙里转转吧。"之前我给你们说不要硬拉着一起,是针对不信佛的人,

拉着一起去庙里,是对皈依三宝的人才可以。如果他信三宝的话,可以帮一帮。再比如放生,他一个人单独的话可能不想做,你可以带着一起做。这样的话,你有功德,他也有功德。庙里可以供香,有时候也可以是好听的声音。

有个佛陀的本生故事,讲佛陀过去世是个国王,他要建一个很大的佛塔,有人看见了就质疑说,这么大的佛塔,什么时候建得完啊!后来佛塔建成了,这个人很惭愧,就买了挂塔的铃铛来供佛塔。他下一世就变成一个长得很难看、但声音好听的人。这其实都是因果。他在建佛塔时不以为然地怀疑,所以人长得难看,但供铃铛的时候是真心地供,所以声音好听。

广大的供养共有七个条件:一、时间长,不是一次。二、供的东西好,是真的东西。三、供的东西多。四、自己做。五、心里真心地去供。六、快乐地供。七、供完以后回向。

没有杂念的心,是指不要拖拉,供养时带着恭敬心,心真诚,心不乱。心里没有杂念——有时有别人看的时候,有些人就觉得应该供很多,比较有面子。比如到了菩提迦耶,各个国家的佛弟子都来供养,就会起这样的心:你点的蜡烛没我的好看……这就是杂念。心里要很尊重地去供,福报很大。

刚才所述,全部都是外部供养的功德。我们说,供养有两种,一种是"ཟང་ཟིང་གི་མཆོད་པ།"(音译:桑藏丘巴),就是外面的供,一种是"སྒྲུབ་པའི་མཆོད་པ།"(音译:之边丘巴),是指你心里去供,重要的还是心里的供。

心里怎么去供呢?之前讲了要去想三宝的功德,要生起菩提心、要想空性、戒律、波罗蜜多等六度，除此之外，我们再讲一下四无量心，四法印及四摄法。这样就会有心里供养的功德。

平常的四梵行，是指慈、悲、喜、舍，四无量心是指慈、悲、喜、舍每一种心都特别多，没办法计算出来。这四种心是修慈悲心之前要修的，加了无量二字。四摄法等我们讲到菩提心的时候再细讲。

下面讲四法印。之前一直想讲一下，但没有机会。佛教与外教如何区别？从前在印度时就是以是否认同四法印来区别的。后来到了西藏，阿底峡尊者觉得这样来分的话有一点难，所以就以是否皈依三宝来区分。印度四法印的区分法，是从智慧看法上来分的。

四法印的第一点：诸行无常。无常我们之前讲过。死亡无常也是无常中的一种。所有的东西都是无常，有很多变化，一个刹那一个刹那地变化。

第二点：有漏皆苦。圣者菩萨以上，是无漏的身体，但我们凡夫皆是有漏的身体，所以这个肉身就会有病苦。

第三，诸法无我。这里讲的"诸法无我"和平常所说的"无我"有什么区别？佛教弟子都认可这一点么？一般佛弟子都知道无我，但要懂得、认可无我的话，肯定要学了才能懂。但是佛弟子都学过吗？这个很难。而且小乘里的有部是认可"我"的存在的。虽然小乘有部认可的"我存在"和外教的认知有点差别。佛陀最初传法的时候也传过"我存在"，因为在佛陀以前，那时印度所有的教派都认为有我，佛陀为了让当时的人能够明白接受，就承认"我是存在的"。

第四，涅槃寂静。涅槃，ཞི་བ་མྱང་འདས།（音译：希瓦酿谛）。涅槃有三种：1.阿罗汉去世，小乘也认为他得到了涅槃。2.独觉的涅槃，3.成佛的涅槃。小乘认为，最后全部会到这三种涅槃中去。涅槃也是阿罗汉和独觉最后的结果，他们不会再往上走。但是大乘的中观应成派认为最后只有一种涅槃，因为阿罗汉和独觉最后也要成菩萨、成佛。有关涅槃，大乘小乘的看法有很大差别，小乘认为佛陀的身体也是肉身，是有漏的。大乘认为佛陀的身体是无漏的。小乘的依据，是佛经故事里佛陀的脚被砸伤了，疼了，所以他们认为佛陀的身体是有漏的。

四摄法是平常用的、修行人帮助众生的方式，你们在生活中可以用。

一、布施。对一个出家人来说，布施什么？财物是出家人没有的，但讲课讲法也是布施。简单讲了佛陀的故事，也是布施，这个你们也可以用。比如一个人对佛教有兴趣，你可以跟他分享自己学佛有什么收获、进步，或者跟他讲佛陀的故事。

二、爱语。对人分享的时候，要能让对方好听懂、很认真地去讲，如果讲得太快，他们听不懂，要慢慢讲，就听得懂了。——我们班里有个出家人，讲话的时候速度特别快。其实出家人辩经的时候大家速度都很快，否则有人会抢着说。但这个人特别快，第一次大家听他讲话，只听到"特""特"的声音，其他都听不到了，很多人听不懂，后来才慢慢习惯听懂了。——每次不要讲很多，这样那个人才会有兴趣。要有爱心地讲，而不是以很烦的心态去讲。

三、利行。就是见了一个人，就想着怎么能帮助到他，比如念经回向给他。如果这个人想听课，就更清楚地讲很详细的内容，他如果愿意听，多给他讲两三次也可以。

四、同事。更深地讲详细的佛教内容，讲者珍惜地讲，他也珍惜地学。六度做的时候，想着三宝的功德，真的懂得佛教的内容，这样想的话，功德很大。

我只是给你们讲了外在的供一供水，但平常对你们念什么经，磕多少头……都没有要求。因为学佛最重要的是心里面，这比磕多少头、念多少遍咒重要。你们认真学佛，之后，自己有兴趣的话，自然就会去学。但如果我要求了你们，你们没做到的话，我们两个都有业。西藏有很多上师，要求弟子磕比如一万个头，弟子做不到，或者说三年以后再做吧，这就是造业。这样给你们说，你们慢慢懂了，自己再做。

做磕头、供养这些修行时，要怎么去想三宝的功德？要有六个想法。

一、三宝的功德最高，没有在这上面的了。

二、没有比三宝对人更高的帮助。

三、三宝在众生里是最好的。

四、有一种花，传说中的花，佛出生时才有（优昙花），还有雪山狮子，水里很大的鱼。三宝就是如此的珍贵稀有，要珍惜。

五、在三千大千世界同一时间内不会出现两位佛，一次只能出生一位佛。

六、思维供养三宝就可以产生所有的功德，很难得，因此供养三宝，心里要很珍惜。

供养三宝最殊胜的日子是(藏历)每个月的十五日,八日,和二十九日。尤其每月十五日,是月圆之日。这天最好不吃肉。

佛经里"八"这个数字有何含义不知道,但是十五月圆之日对修行帮助很大。这个在密宗里有讲,人体中间是中脉,中脉旁边有左右二脉,像血管一样,相互缠绕,平时的时候紧紧缠着中脉,使中脉无法打开。但十五月圆之日时,左右二脉就松开了,中脉就可以打开了,此时修行,福报更大。密宗里对此有很多解释,为什么十五的时候两脉会松。人死的时候,灵魂最好是从中脉的上面出去。灵魂也可以从下面出去的,但从下面出去的灵魂肯定是下地狱,这也是很多仁波切超度亡者的原因。密宗里的很多修法是在十五日进行。二十九日则是密宗里念很多很凶的愤怒本尊的咒的日子。闭关修行时,念阿弥陀佛和度母咒是在一个月的前面,一年里的前半年。而念大威德金刚的时候,是在一个月的后面,一年的后半年。

再说一下,有些人现在喜欢"跑灌顶"。密宗里的灌顶不能随便接受。

所有的灌顶传完,上师都会给你甘露。在给甘露的时候,上师会说一句誓言,让你跟着念:我现在给你甘露,你喝了,我就是你的上师,我说什么你去修,会很快成就;但如果你没当我是上师,也没修,就成了地狱的果。给甘露时念的这句话很重要。之后好也罢,不好也罢,你自己已经认定了,"我愿意。"这个甘露是所有的灌顶都需要的。莲花生大师来西藏时,抓了很多鬼,鬼都喝了甘露水,答应以后帮助佛弟子。鬼是可以干扰修行的,但喝了甘露水就不行,否则就违背了誓言。

广论上说了，没有甘露，怎么会得到灌顶？所以密宗的法，只有以后有机会见面才能讲。其实在印度，修密宗的话必须要懂得中观应成派的空性才可以，否则就算灌了顶，你也得不到。你没得到灌顶，结果受了一大堆戒。比如跑了四五个灌顶，答应了很多。密宗的戒律受灌顶后必须要接受。出家人的戒律是一辈子的，如果违背，就是破了很多戒。菩萨戒破了，就是破很大的戒。密宗的破戒比这更厉害。

如果你真的懂了，知道了这些，能守密宗戒律，再去学，密宗是一条捷径、快路。懂了，再去接受灌顶，是真的好。但密宗好，却也容易乱。如果自己去受那么多的戒，最后功德一个也没得到，却天天破戒，不如不去。听完广论，认真地学法，肯定有功德。

（讲于 2023 年 3 月 12 日）

第二十讲　怎么修皈依三宝

我们继续讲上次没讲的一个很重要的内容。有人说，我的上师平时讲了，我听课也听了，可是没记下来多少。佛教的内容很多，记不全内容，只能记50%-60%，有时候才记了甚至不到10%。因为记得少，（自己去细）想的时候意义（和记得多的）不同。在这种状态下去修行、去打坐，没办法修。因为记得很少，后面自己去想的时候也就连不到一起，没什么逻辑。

这里，揭示了修行时最重要的三大困扰：一、听法时没听懂。二、听完法忘记了。三、后续自己没办法想。

其实修行时是越学越深，福报随之增加，但继续修学有时会福报、资粮不够。上述三种困扰就是资粮不够的体现。我小时候人人都夸我聪明——当然后面有时会跟一句，"就是淘气不听话"，是在骂我了。因为这样的称赞听得太多，后来我一听这样的话，没有后半截，我也觉得是人家可能要骂我吧（笑）——总之我小时候想问题想得很清楚，但有的时候也会遇到一时想不明白的问题，那时脑中就像有一大片黑暗挡住的感觉，在黑暗中很难想。这时就去念三宝功德，不要因为困难就放弃想、去玩。怎么能去玩呢？停下来好好念经、皈依三宝、祈求三宝帮我解决我的困难、磕头啊，等等，第二天一下子就想得清清楚楚了。这是因为之前资粮不够。所以说，如果产生真正的进步，一定是有资粮了。有人说我听不懂、记不住是因为笨，但笨的原因还要从因果上去看。自己听课，听得特别累，觉得脑子不够用，就要明白是自己福报不够。修行产生障碍，重要的是资粮不够、福报不够。有时候你想要修行，比如明天想听法，就发生各种各样的事，让你无法修行，没办法稳定。为什么恰恰在你身上出这个问题？或者你想要去布施做好事，明天去寺庙里，结果一下子出什么事去不了了，那也是资粮不够。就需要增加资粮和福报，要供养啊、磕头啊这些。

这时重要的是要供养。比如之前我给你们说的供水，还有供曼达。曼达代表须弥山。有关须弥山是否存在，法王不认可，我也觉得很难（相信其存在）。但供的话是没有问题的。这里有两个问题：须弥山存在不存在，这是科学家的问题。另一个问题是供的话有没有功德，这是另一个问题。为什么说供没问题呢？把须弥山这么大的一座山，这么好这么多的财宝，供给三宝，当然功德很大。供养三宝时，你的心不能是空的，要有一个目标才行。比如把须弥山这么多的财宝供养三宝。如果你们会供曼达的话，偶尔供一下，功德很大。第一层东南西北，代表四大洲（东胜身洲，南瞻部洲，西牛货洲，北俱卢洲）；第二层供的八宝，代表须弥山半山腰的太阳、月亮；第三层代表中间的须弥山。把所有这些供养给了三宝。平常家里有供具的话，也许下周讲课我们教一

下怎么念，然后你们自己去念了作供养。出家人有一个手印，代表供曼达，代表须弥山。在做供曼达的手印时，会把念珠绕在手上，代表环绕须弥山的意思，并以须弥山一样多的财宝供养三宝。这样更增加自己的资粮。

噶当派的博朵瓦说，有时候我们供的香不是很香，而是味道很臭的草，但我们说是香草。这就好比没有眼睛的人骗有眼睛的人，实际上是自己骗自己而已。要供三宝的话一定要供好的东西。不要念经供养三宝时念的是"把最好的供给三宝"，实际却没有这么做。刚才依旺吉问到的广大供养中"供的东西多"这一点，重要，但不是最重要的，要视实际情况而决定。比如你家里本来一共只有三四个人，但你供了十多个人的食物，供完之后自己吃不了就浪费了，这样非常不好，浪费是佛菩萨不想看到的。当然如果你到一个出家人很多的地方供三宝，供完了可以给僧人吃，那当然最好。供多少要看地方的。

我们做什么事的话都要记得三宝。前几天我看到以前一位高僧写的书，其中有几句很简单的话：无论什么时候都要去想三宝的功德。

真正好的事来临时，要想"都是托三宝的福"。而磨难的时候，往往人们不注重佛，而更注重护法。汉地在传藏传佛教的时候，有时会把护法当作比佛更重要的对象来供。比如很多汉地寺庙都有财宝天王的像，却没有佛像，里面的出家人天天念护法的经咒，供护法，从早上七八点到晚上八九点。然而重要的恰恰是我们的佛，佛却被人忘了。

那位高僧说，我们的佛教现在式微了，佛法要灭了。

怎么去看这个充满磨难的世界？现在大家不尊重真正的修行人、大的成就者，却尊重假的修行人。出家人活动丰富，比在家人甚至更甚。比如有的出家人去做生意，有的去唱歌……前一阵我在纽约还看到出家人跳现代舞的。其实也许是老外穿了出家人的服装在跳现代舞，不是真的出家人，我也不知道他们这样是什么意思。

那位高僧说，现在有四点显示佛法衰弱了：

一、（众生）不注重真实，更注重外面的表象。

二、不注重佛，更注重护法。

三、广论里讲菩提心，但是一旦遇到障碍，大家就立刻去做朵玛（糌粑做的食子）——做一个除障的法会，去除鬼——西藏人有这个习惯，比如占卜啊，或者去念什么。如果有人说，你要去学菩提心啊，多去想广论里的内容，人人都不理解，觉得没什么用。其实要忏悔的话你心中需要有真正的三宝，心中真正有三宝的话其实什么都不用怕。

四、没有学习佛法的人反而爱说话，网络上现在有很多这样的。

虽然这世界多磨难，佛法衰弱了，但这世界变了也好，没变也罢，修行人还是一样地修行。哪怕磨难多的时代，修行人也照样修行。佛陀在他那个时代讲的佛法和现在的佛法没有两样。世道变了，变的是人心。如果你看周围乱了，那我心也乱，那没办法修行；要的是周围虽乱，我心不乱——我觉得要有这样的心。所有的人都信三宝，我也信三宝，这个容易；所有人都不信三宝，我信，这样的话是真的皈依三宝。

遇到坏的事情，恰恰要念皈依三宝，相信有三宝的话我

这个坎儿能过。护法是摆在三宝后面的。佛教为什么有护法呢？因为现在世上虽有修行人，但没修行的人更多，这样的人也是需要帮助的。护法是方便给没修行的人帮助的，真正的修行人皈依三宝了念三宝就不用害怕。没修行的人念护法的话，也有功德。但作为广论的修行人，我们肯定是要超过这些人人都达到的程度。没有修行的人通过念护法供护法，得到一些功德与帮助，心里就会种下佛教的种子，比完全不信佛教要好得多了。所以供护法和供三宝并不矛盾，但是要更多的去供三宝。

要勤修皈依三宝，广论书里讲了白天三次晚上三次。其实你平时（不定时）想也是一样的。广论引用的佛陀的一本书里，有关皈依三宝的功德，中文写得特别美。佛陀的功德是想不来的。你皈依三宝的福报，如果显现为我们所能见到的话，哪怕三界这么大的一个碗，也盛不下。这些全都是讲皈依三宝的福报。

下面我们说，之前提过的，阿底峡尊者和印度的高僧馨底巴（寂静论师）是以是否皈依三宝来界分佛教和外道的。这些前面已经讲完了，我们现在讲一讲故事。

之前我说，你信三宝以后，因果也会有变化。心中有三宝，本来要下地狱的，也不会下。佛陀的书（《譬喻经》）讲了一个故事。有一个神（帝释天），在三十三天，你们叫玉皇大帝。

这里讲一个背景。神死的时候是痛苦的，之前讲过有几个原因：神出生的时候是化生出来的，衣服什么的也是化生出来的，很美。但我们人老、人快死的时候可以靠儿女，神却没有父母儿女,要独自面对死亡的痛苦。再者,太阳是我们人类共同的福报,但是神没有我们这样的太阳,他只有自己的光。快死的时候这个光会变弱。同时,身体会发出臭味。神对这些都很敏感。所以一个神要死的时候,所有其他的神都会远离他,让他觉得很孤独。他的房子也变得破败。最糟糕的是,他能看见自己未来会去哪,而大部分神下一世都是下地狱。知道了这样的未来以后,神就更怕了,心中特别痛苦。

另一个神是玉皇大帝的朋友,平时跟玉皇大帝不错,他快要死了,看见下一世要到我们这个世界来当猪。玉皇大帝去看他,发现他特别痛苦,就安慰他说:别难过,我教你一个方法,你好好地皈依三宝,好好信这个,求三宝帮助你。这个神后来就死了。三十三天的玉皇大帝有一种神通,就是能看到自己以下的世界里的众生。但是在他以上的世界他就看不到了。他在下界找了半天,却找不到自己的朋友,就很奇怪:他怎么没当猪,没下地狱啊?玉皇大帝就跑去问佛陀:我的朋友去哪了?佛陀说他去了兜率天,弥勒菩萨的地方了(兜率天在三十三天之上)。因为你教了他皈依三宝,他真的信了,也真心去做了,所以往生兜率天了。

这是佛经里的一个故事,你们要好好去想一想。要真正的去想,真心去想,是不是自己从没怀疑过三宝?有人说皈依上师这些很难做到,因为上师也是人嘛,有时候他的做法你还看不起。但是皈依佛法僧相对容易,时时刻刻不要放弃对佛法僧的皈依。经常观察一下自己的信心,你真的信么?你注意你的心了吗?不要突然碰到一件不好的事就吓到你了。很多人碰到不好的事,都是求护法,而不是一下子想到

三宝。

如果碰到好的事,也要想是三宝加持了的结果,不是仅仅靠自己的能力。很多人看的时候,认为自己的一切都是自己努力挣来的。就好比读了二十多年书获得了博士学位,如果没有足够的福报,你能做到吗?所有人想的都是,因为我的努力如何如何。但仔细想一想,仅仅靠我们的努力,行么?大部分人,都觉得人生所有的事全部都是自己做出来的,靠自己一个人,比如学习。但如果没有小时候父母教你,给你创造学习的条件,你能学习吗?

人往往是好的时候,拥有的时候,什么都不想,理所当然。想到的时候已经晚了,失去了。就好比西藏人最爱吃的是糌粑。我以前在家乡的时候也没那么爱吃,可是后来到了印度没有糌粑吃了,就很想念。人都是没有的时候才想,自己拥有的时候不当回事。父母的恩德,也往往到父母去世以后才知道,这就是人类。

我自己不太知道这些。我十七岁时母亲去世,又因为自幼当出家人,和父母远,不是那么的亲和近。佛经里说的智慧和慈悲心,常常用母亲来比喻和代表慈悲心,用父亲来比喻和代表智慧。智慧固然很重要,但一个人没有智慧还没那么要紧,可人人都没法离开爱心。

我以前想,人年龄大了,对父母的依赖就会很少,因为有自己的能力和家庭,自己甚至也当了父母,如果母亲去世,也许就不会有那么深的感觉。但前日我有一位朋友母亲去世,来找我做法会——佛经中母亲代表爱心,代表大爱——这个朋友快六十岁了,他说,前几天我母亲去世了,心中的家乡就不存在了。他哭了。

家乡是什么？家乡代表爱心，还有温暖。他的母亲不在了，可是他的兄弟还在啊，但就感觉家乡没有了。人人缺了智慧都没有太大的问题，但是人人都需要爱心。很多人都想得到爱心，温馨舒服。真正爱心的代表就是母亲，因为在一个人的人生中母亲的影响是很大的，这种对母亲的看法，不止是佛教才有。

我和那位朋友的感觉差不多。我母亲去世时我在旁边，才十七岁。在那之前从没有见过一个人的死亡。她那几天不舒服，我之前学过针灸，就为她施了针，结果排出来很大的一个血块，她就感觉舒服多了，状态也好起来了。这样过了三四天，她讲着讲着话突然想躺下，躺下之后就眼睛往上翻。我没见过也不知道是怎么回事。旁边的人就把手放在她头上，告诉我她去世了。我就走出了那间屋子。我觉得那间房子一下子变得特别凉，让人没心继续待的感觉。我父亲问我去干什么，我说没什么。我站在那里，抬头望着天空，感觉一切都变得空了。随后，我为母亲做了超度法事。这种时候，只有三宝能帮助她。

所以，相信三宝最重要，要认真地去想去供，知道更多的功德。

皈依三宝我们讲完了，下周开始讲因果不虚。我们只能相信因果。同时听中观课的人可以把皈依三宝的功德、福报和布施、持戒、忍辱……六度融汇起来想。皈依三宝我讲的差不多就是这样，你们有问题可以问。

答疑

问：仁波切，对上次和上上次课的内容我有两个问题。第一个问题是：广大的供养是哪七个条件？我上次只记下了六个。

答：一、时间长，不是一次。二、供的东西好，是真的东西。三、供的东西多。四、自己做。五、心里真心地去供。六、快乐地供。七、供完以后回向。

关于供的东西，以前有人拿质量不好的也供，甚至假的东西，这是不好的。法王说过：你自己能吃的东西才能拿去供。比如在法会上供的水果，供完以后自己也可以吃，也可以分享给念经的出家人。

问：第二个问题是关于八万四千法，您说针对八万四千不同的烦恼，这一点我明白了。但是可不可以也理解成针对不同的人呢？这一点没听清楚。

答：也可以理解为是针对不同的人。因为不同的人性格不同，烦恼也不一样。比如有的人疑心重，有的人傲慢心大等等，根据这些不同的人，佛陀讲的法有侧重。但八万四千法所有的内容都没有超过佛教范围，有些讲得很深，比如中观是在智慧上讲得更深。

（讲于 2023 年 3 月 19 日）

第二十一讲 相信因果

今天继续讲广论,讲因果。

我们之前已经讲了皈依三宝,这后面为什么讲因果?讲皈依三宝是,一开始你皈依了以后,从此是佛教弟子。佛弟子最重要的有两点:一、相信三宝,二、相信因果。这两个"相信"都是没办法用逻辑推出的。我们说理解世界的方式有三种,一种是现量的懂,就是直接看了就懂;一种是比量的懂,就是可以用逻辑推算而懂得;第三种是圣教量,就是因果这样的,既无法现量地看到,也无法通过推算,只能是靠相信佛陀说的而懂得。

因果我们只能相信。我们和圣者菩萨的差别在于他们有一定的神通,能看到部分因果。因果的全部只有佛能知道,即便圣者菩萨也不能全都知道。

相信三宝、相信因果这两点,人人都老在讲,看似简单。但我们偶尔深入去想的时候,实际恰恰是不简单的。我们没办法从逻辑角度去讲。譬如今天我在这里讲,你们在这里听广论,这也是全部有因果的。圣者菩萨知道一些,但不是全部都知道。

凡夫也罢，圣者菩萨也罢，无不在因果中。比如一阵微风在你脸上吹过，你觉得很舒服，这里也是因果，有原因的。有时候当你遇到巨大的困难时，你会想到因果，是不是以前有做得不好的地方；或者看到谁做了不好的事，你也会想到之后有不好的因果。但很多人不知道，即便是刚才说的这个例子，比如去爬山的时候，太阳晒得很热，出了很多汗，吹来一阵凉风，舒服了很多，也是因果。

你做了坏事的话，不可能有好的因果。哪怕是小乘里的阿罗汉或者大乘中的圣者菩萨，做了不好的事，该还的必须全还完，才能成佛。

这个世界其他的宗教，都说是神创造了世界。说你做了好事的话神会来帮你，做了坏事的话神会来惩罚你。但我们佛弟子不认可这样的看法。佛陀没来之前，没有教派懂。但佛陀来了以后说，这个世界的运行是因果，不是神来帮助或者惩罚。遇到障碍的时候，人们往往也想三宝来帮一帮，这样的想法其实是不对的。"佛说罪莫能洗涤，佛手无能取众苦，佛证无能转他人，唯示法谛得解脱。"众生的痛苦是佛陀也直接帮不了的，众生的罪业就像手脏了只能自己洗净，手上的刺只有自己能拔掉。佛陀只能通过给你讲法，你明白了道理，然后自己能改。如何"唯示法谛得解脱"呢？宗喀巴大师给弟子写了三句话，我们都能用到：一、去听课，学习，学了很多；二、中间去想，把听课的内容用到修行中去；三、白天晚上自己不断地进行这样的闻思修。

宗喀巴大师说，我就是这样修行的，也因此成就了，你们如此，也最终可以成就。佛陀其实也是这样的。他开始出家时,到处去找老师学习,但没有学到真正的解脱之道,然后他自己去打坐去想,终于成佛。我们佛弟子平常不认可创世论这些,要去经常想一想因果。个人的因果只能是我们自己担负,要改的话只能自己改,求佛他也没法帮你改,但你自己可以认真地去学了之后改。

前两天有一位格西去世了,他学习特别好,三大寺第一名,三大寺里没有比他学习更好的了。他前几天讲了一句话,这句话我没想过,但事后想,他确实有资格讲。他说佛教里有些话宣传得过了火,主要是密宗里的一些话。密宗里有说法是,有些法门你白天修,晚上就能成就;早上修,下午就能成就;甚至特别有缘分的话,光受了灌顶不修也能成佛。这位格西说:这话太夸张了,不修怎么可能成佛?以前有过这样不修就成就的佛么?那为什么佛陀还要讲法呢?他说:这话太过誉,我听不下去。

这个逻辑我以前也没想过,但他说的有道理,不要被过誉的话洗脑。西藏各教派有传说,格鲁派的宗喀巴大师有一本很神秘的书。法王说过不存在这样的书。他说,因为我没有得到这样的书,如果真有的话我早就得到了。法王是有资格说这个话的。宗喀巴大师在世流传的书一共有十八本,不要虚妄地认为有超越这些的书。人人都喜欢很美的希望和幻想,但是生活实际没那么美,要艰苦修行,要去做好事,做了坏事的话哪怕现在不报,未来也会报。有时候我们做了很小的功德,很小的好事,未来却会因此得到很大的福报。同理,哪怕造了很小的恶业,未来的恶报也可能很大。以前有这样的比喻:人们怕造大的恶业,小的恶业却不当回事,但

是小的恶业好比细小的水一点点滴下来，最后能把石头滴穿，滴出一个很大的洞来。因此不要小看小的业，不论多小的业，慢慢积累下来，都会很多，就像水往桶里滴，一点一点也很快就会满了，所以不要小看小的业。

宗喀巴大师在这里讲了一些因果的故事，讲的都是以前佛陀讲过的故事。《贤愚经》里面讲因果的有几个故事，今天我也给你们讲其中的两个。

第一个是象护的故事。佛陀时代有一个人家出生了一个小孩子，同一天这家也出生了一只大象，所以小孩得名象护。随着小孩子长大，慢慢大象也长大。这只大象的大小便全都是金子。小孩是印度的贵族，有一天和别的贵族孩子一起玩，大家谈起各自家里的好东西，有人说我家有花园，有人说我家有宝石，等等。象护说，我家里有头大象，大小便都是金子。那时他旁边国王的儿子听了，就想得到这头象。

后来国王的儿子长大了做了国王，就是阿阇世王。他派人去找象护，命他骑着大象来见自己。于是象护就骑着象去了，国王在自己旁边给他留了位置，请他吃饭聊天，然后对他说：你回去吧，把大象留下。象护一个人离开了，但是到了门口，大象就从国王旁边隐遁不见，从土里又出来了，继续跟着象护，国王根本没法抓到大象。象护回家以后晚上就睡不着觉，因为怕国王来找自己麻烦，还留在这个地方恐怕会死掉，就想到出家，就去佛陀身边做了出家人。

这只大象依然在旁边天天跟着他。很多人慕名跑来看大象。但是出家人要修行，怕热闹，就跑去跟佛陀讲，这样我们没办法修行了。佛陀就对象护说，你要放弃大象。象护说，我也想，可是没办法，赶也赶不走。佛陀说，你绕着它走三圈，对它说，从此以后我要当出家人，不需要你的照顾了。如是做了以后，大象果然消失在土里不见了。

佛陀身边的弟子们都觉得很神奇，问佛陀这件事的原因——要是放到现代，大概会有很多记者去采访佛陀吧（笑）。佛陀说，过去世的迦叶佛去世时，有很多佛塔，其中一座佛塔上画着佛过去骑乘的大象，有人看到这画像下面有点坏了，就发愿修补，最终把它修补好了。他往生转世后的福报，就是后来生于富贵之家，出生时有个会排金子的大象跟着。他就是象护。虽然他过去世做的善业看起来很小，但他是真心的。哪怕是很小的善业，真心做的时候，也有这样的福报，所以刚才说，小的好事，也可能有大的福报。

第二个故事，有个富有人家生了一个小孩，孩子浑身金色，一生下来，家里的地洞里，想要什么东西——比如吃穿用度——挖下去什么都有。这个孩子长大以后，他父亲说，我的儿子很特别，找媳妇要找一个跟他一样的女人。结果果然找到一个一样的女人，也是出生时浑身金色，家里有个洞，挖什么都有。他们两个结婚了，后来又一起在佛陀这里出家了。

出家人觉得很神奇，阿难就问佛陀缘故。佛陀说，过去佛中的第一个佛（毗婆尸佛）的时代，城里来了很多僧人，富人们供养，做了好事。有一家人特别穷，是败落的贵族人家。丈夫看到别人供养做善事，眼泪就出来了，他妻子问：你为什么哭呢？丈夫说，僧人来了，富人可以供养，而我们那么穷，自己都只能睡在草堆里，没有东西可以供养僧人，我很难过。

妻子说，别难过，我们再找一找，以前家里有钱，但是败落了，也许能找到一些好东西呢。结果，丈夫找到了一枚金币，妻子找到了一面明镜。他们又找到了一个壶，盛上干干净净的水，把金币、明镜、水一起全部供养了出家人。出家人拿了水喝了用了，很开心。这对夫妻也很开心，很满足。他们去世后去了三十三天，后来福报很多，这一世的福报就是现在这样。

因果就是这样的。从他们供养出家人到这一世，中间隔了很多年，但恰恰是到了佛陀时代，这方面的果报成熟了。也许你会说他们只供养了一点点给出家人，不如我们花很多钱供养给出家人，其实最重要的是你做善事时的心干净，心好，福报就更大。

我们想因果的时候，就去想想佛陀讲的这些故事。因为因果是我们无法以别的方式明白的。

佛陀讲法时，有很多龙族众生前来听法。为什么呢？他们都是以前当了出家人的、但是破了戒的众生。破戒也不单单是出家人，大乘的话，有些是出于习惯，有些是民族文化。比如有些地方吃肉是破戒了，有些地方喝酒是破戒了。有时候人们破了戒自己却不知道自己在破戒。

戒律有很多种，密宗的戒，菩萨戒，再次是比丘戒、比丘尼戒，然后是生活里的戒。有些人破了戒律没当什么，或者不知道自己在破戒，之后转世就变成了龙族。龙族也修行过，所以资财的福报很多。

以前有句话，平常我们说的，但是我在佛经里没有查到。说的是，曾经在释迦牟尼佛这里当过出家人的众生，哪怕破了戒一时投生为龙族，最后全部都能成佛。

有时我们说善恶黑白的因果没办法破，如影子一样跟随着你。哪怕你像鸟儿一样飞得再高，哪怕飞到了三十三天，该还的还是要还。哪怕到了阿罗汉也一样要还。

有些人会想，因果是否完全没办法改了？也不完全。虽然该还的得还，但如果人去修行的话，就会给自己积累福报，随着福报增加，恶果也会消失掉很多，去除掉很多。

有个年轻时很坏的国王，就是刚才说的阿阇世王，杀了自己的父亲。他的故事有很多。在印度菩提迦耶开车往北两小时，灵鹫山下面的一处地方，2018年我去的时候，看见有一个土房子，就是以前阿阇世王关押他父亲的地方。他的父亲是佛弟子，阿阇世王关押了父亲以后，那个房子里有一个洞，父亲从洞里往灵鹫山的方向可以看见佛陀，就很开心。后来阿阇世王发现以后，就把这个洞挡住了。阿阇世王恨父亲也是因为很多误会，他也不让自己的妈妈见父亲。有一天，阿阇世王自己的儿子生了病，是麻风病。他很着急，问自己的妈妈该怎么治。他妈妈说，你把那些脏东西一个个用嘴吸出来。他说，太恶心了我做不到。他妈妈说，当年你得这个病的时候，你父亲就是这么做的。阿阇世王大惊：我父亲对我这么好？他觉得自己做得不对了，就跟下面的人说：放了我爸爸。部下很高兴，叫喊着去通知他爸爸。老国王当时正难过自己见不到佛陀，突然听到这样的喊叫，就一下吓死了。还有一种说法是他父亲很难过，晚上就打坐去求佛，佛陀来了，让他修行，他经过一晚上的修行，早上成就了阿罗汉果位就死了。

不管怎么说，这个儿子都没有见到父亲。把父亲杀死了，这是很大的业。这世间最大的业有：杀死自己的父母，伤害佛菩萨，迫害自己的上师。阿阇世王这三样占全了，他杀了父亲，而父亲成就了，所以他也杀了阿罗汉，后来又跟着提婆达多一起迫害佛陀。提婆达多说，我来帮你当新国王，你来帮我当新的佛。所以阿阇世王也害了佛。后来阿阇世王自己知道自己错了，在佛陀面前真心忏悔。

有四种重要的忏悔可以消业。做这些忏悔时，必须是在佛菩萨面前。你当上师是佛，在上师面前忏悔也可以。如果你做了一件什么坏事情，心里很难过，在上师面前讲，也可以去除很多障碍。因为，上师有菩提心，也在空性上面努力，所以能帮助你去除障碍。

再下面是广论里的十善十不善，下周我们讲。这个讲完，我们可以讲四谛，简单地讲四谛。

答疑

问：您刚才说大乘最重要的戒律依次是密宗的戒，菩萨的戒，出家人的戒，生活中的戒。我不明白，戒律难道也有重要与不重要之分吗？

答：出家人的戒律全部是一个僧人要遵守的，破戒以后虽然有很大的业，但比不过破菩萨的戒。菩萨的戒超过了出家人的戒，因为代表的是众生。密宗的修法成就很快，修得越快，福报越高，但是一旦破戒，造的业也更大，超过了不破戒时修密宗法门得到的福报。所以密宗的戒破了一下子就下地狱了，而且不是十八地狱，是更下面一层的十九地狱。

问：您说忏悔时前面必须有佛菩萨，是要有真的佛菩萨还是佛菩萨的像？

答：忏悔有好几种。多数前面必须有真的佛菩萨。凡人不知道哪个人是佛菩萨，怎么办呢？

如果是出家人破了比丘戒，就会在所有出家人做法会时，或者至少有四个出家人一起的法会时忏悔。因为在法会中会有很多佛菩萨。要做忏悔时其他人站着，忏悔的人跪着，念《三十五佛忏悔文》，手合起这样跪着，说自己的名字，做了什么不对的事，从今天起不再造这个业了。这样的法会叫"གསོ་སྦྱོང་"（音译：索炯）。但是只有出家人可以参加这样的法会。

在家人怎么做？真正做的话在自己上师面前忏悔就可以。对你的上师讲你做错了什么，对着自己的上师念忏悔文。最好是做错了什么全部清晰地讲出来。

出家人还俗时，要找到另一个出家人——他代表三宝，对他说，从此以后我把还俗之前的戒给你了。如果没有这么做的话，明天就破戒了。

知道和不知道时的破戒不一样。对于小的破戒，之后会发给你们忏悔时念的经，忏悔时要跪在佛像面前，双手相合放着，把自己的法名喊出来，说你自己知道和不知道的破戒，你都忏悔。

藏历十五月圆之时，早上起来磕头忏悔，真正想一想因果，会有帮助。除了《三十五佛忏悔文》，还有我之前给你们讲的一位印度的高僧（马鸣菩萨），以前是外道后来皈依佛教的，写的忏悔文（《总忏悔文》）更好。

(讲于 2023 年 3 月 26 日)

第二十一讲　相信因果

第二十二讲　十不善业

上次讲了因果，从因果上来说，有原因，就有结果；没有因就没有果。所谓的善有善报，恶有恶报，就是如此。有关因果，我们讲了佛陀说的两个故事。但是造了因以后，什么时候来这个果，很难说。现在你们的福报，都是因为不知什么时候你做过的好事。而现在所做的一切，一个刹那一个刹那的细小的事，所有都有果报。比如上次我们说过，哪怕天热时一阵风吹过这样的小事，都是出自因果。不要把小的善事不当回事，觉得没帮助，也不要把小的恶事不当回事，觉得没有关系。果报来的时候，会积累得很大。法王说过，在印度被蚊子咬的时候，第一次第二次，也许挥一挥手或者吹一下，说你们去吧，不会去害它。但次数多了，也难免生愤怒心出来，忍不住要打它了。最重要的是养成良好的习惯。比如蚊子叮了大人，大人就啪的一下把它打死了，小孩子看见了，就也觉得无所谓，渐渐自己就养成习惯，都没当什么，积累的恶业就多了。因此重要的是觉察自己，养成习惯。

善业也好，恶业也罢，重要的是身口意。佛陀以前也是从这三个角度来讲法，大家容易理解，也容易做到。当一个

修行人，首先是要当一个好人。怎么做一个好人呢？就是从身口意三方面来做。做一个坏人也是从这三方面。这不恰恰限于佛教，人生也是一样。十善业中后面属于意业的，是心中的，很难说，但是前面七个身业、语业的，也同样是平常生活里好人的标准。做了十善业，可以说这个人开始修行了，如果没做这十善业的话，离修行还远得很。佛陀也夸过十善业，法力也是从这十善业的修持中来。佛经里念十善，自己要记十善，自己要去想十善。宗喀巴大师的广论里讲十善，我们现在也按照书里讲的来讲一下。

十善是修行的第一步，是戒律的开始，做了以后，就有一个好的人生。我们如果忽略这个，不做十善，就说我们是修大乘的人，这属于大妄语。因为十善是最基本的，这都没有做到的话，谈不上修行。

上次我们说到，出家人的戒律，菩萨戒，密宗的戒律，一级比一级更重。十善业只是戒律的开始。如果你连十善业都没做到，就说自己是修密宗的，那是很大的妄语，要下地狱的。后世人们夸赞宗喀巴大师说：宗喀巴大师的戒律方面做得像小乘一样严格，心却像大乘和密宗那样。密宗的大成就者，动作方面和凡夫也不一样。但你没到那个成就，就不能乱说，乱做。莲花生大师的很多做法不可思议，但一般人学不了。宁玛派的一位大师说，这好比老虎一跃而过的地方，狐狸怎么奋力跳也跳不过去。如果你说你能跳过去，说你有菩提心啊，那就是大妄语了。所以我们修行从十善业始，从小的开始。菩提心是从哪里来的？也是从最根本的戒律来的。如果最根本的都没做到，哪来的菩提心？不要小看小事。

关于十恶业的第一业，杀生，有几个方面：一、心里想杀。二、动作上杀。三、雇佣别人去杀，用毒药、兵器等各种各样的方式杀。有时我们出家人也讨论这样的问题：本来想杀一个叫札西的人，结果杀错了，死的是另一个人，杀人者有没有杀的罪过？肯定是有罪业的，但这个罪过和本想杀札西结果也杀掉了札西的罪过是不一样的。为什么杀错人的罪过会不一样？这就是因为心起的作用不同。

杀生和杀生有区别。杀人和杀动物肯定有区别，法律上肯定不一样，杀人的罪过也更大。因为人身难得。这就好比偷窃，偷一个不那么贵的东西的过失没那么大，偷了很贵的东西，过失就大。

无论是真的杀到了生还是最终没杀到，心态最重要。如果起了杀心，即便最终没有去杀，也是造了业。有时候人很生气，就心里恨不得对方死，这也是下地狱的业，所以尽量注意吧。有时候被动物、小动物伤了，就起嗔心，想杀它们。重要的是心。小虫子也是众生，它也可怜的。它的生命也是出于因果造业，是从缘起中自然来的。它吃树，吃土，吃人血……因为它的因果、它的缘起就是这样，它的生命就是这样。我们也要尊重它的生命。同样是动物，我们看着狗可爱，看着虫子觉得吓人就想杀害，其实虫子也一样是生命，也是由过去世自己做出来的因产生，比如蛇是过去世爱生气的人的果报。这时候你也要当它是可怜的众生。如果它来害你，那你保护好自己就行，但别去加害它。

如果你想杀一个人，用下毒的方式，那人当时没死，后来慢慢地被毒死了。那么之前你作了这个恶，他死的那天是

你真的造下了这个业。

十不善的第二个,偷盗,是指别人不允许给你时你拿了,这样的情况统统都是偷。

其他一些恶业你们自己慢慢看。

妄语。宗喀巴大师对妄语定的标准是:你看到的时候说没看到,或者没看到却说自己看到了。

两舌。如果说了很多的话,就一定会造出妄语和两舌的业,所以不要说没用的话。有人说心情不好,聊一聊就可以解决。比如有些人之间有误会,不聊就成了矛盾,聊一聊可能就解决了。但你有没有想过,有些误会和矛盾恰恰是因为你聊了才产生出来。不聊的话肯定解决不了,但聊过了的话很多事反而生出来。所以要把握好这个度和标准。

我的个性是不愿意多聊没用的话。开始的时候我就会讲,你们聊那些没用的话,不如平常多念念经。念经至少不会造口业。西藏的老人家们习惯天天念经,虽然不一定是专心致志,功德没那么大,但无论怎样念经的功德还是有,而且去念经就至少没有造妄语、两舌的业。

有时候你对人说了一句话,你说的时候,你没有什么,但听的那个人却起了奇怪的想法,再跟第二个朋友去说的时候,就走了样。等那些话回传到你这里,你会惊讶地说:我没说过这样的话啊,这是误会,是他理解错了。也有些人,故意要扭曲编造你的话。

我这里经常会有客人来。客人来的时候,总难免要聊天,我也只能跟他们聊。但我说的话,在后来我的经验里,被他们传出去以后就变了。所以我之前跟别人说,不要聊。以前我聊过一件事，是有关第七世和第八世香萨仁波切的故事。我说第七世和第八世香萨仁波切，跟大部分安多地区的庙有关系，只除了一个庙之外。其实我说这话是讲传承的地图的，但被别人说出来就变成了：仁波切不喜欢我们那里这个庙。我没这个想法，为什么别人这么传我也不知道。也许他也没什么想法，只是理解错了而已。这是我亲身的经历。当我们聊得很多的时候，很容易造妄语的业。一个人讲，两三个人一起听的时候，这两三个人的理解都不一样。我听的时候没什么想法，其他人却未必。一定要小心。

我们的心烦恼多，人人都有怀疑。所以坏话很容易听进去，逆耳的好话听不进，真话听不进。现代人都认为自己变聪明了，其实人家都知道你想听什么，就顺着你的心意说，导致现代讲真话的人越来越少了。总是说不真诚的话，宝贵的人身都浪费了。有这个时间，不如去看书，看佛陀的故事放松一下，当故事看也行，当修行的榜样看也行。

前面我们讲了身口的业，现在讲心。刚才说，少说话，因为说话中很容易起嗔心。爱说妄语、说夸张的话的人，傲慢心大，他说夸张话的时候心中也起了烦恼。因为说的时候他也真觉得自己就是这么厉害。一般人难过的时候，大部分都不会讲，出于自尊心。所以不开心的时候，你肯定不会聊，自己既不想聊，跟别人聊了别人也不高兴。如果别人听到你讲不好的话，哪怕嘴上不说，心里也会说：我是你的医生么？一次两次也许还好，聊多了他一定这么想。人们都只能听好听的。意业都是这样起的。又有些人讲话绕来绕去，东南西北地讲，也不知道他到底要讲什么，浪费时间。有些人自己

提出来：我愿意帮助你，但久而久之心中也不耐烦，放弃了，也让对方有很多怀疑。你去帮一个人，第一次是自己愿意帮，他天天让你帮，也不感谢你，也就烦了，你会抱怨为什么他对我毫无感谢？对方会说，本来是你自己愿意，我没有要求的啊，是后来你变了。你觉得他变得讨厌，其实是你自己改变了。他会说我没变啊，是你变了。就这样，人人说话的时候都觉得自己是干干净净的，其实自己真的这么干净么？

十善，你做到了吗？反思这一点，是能帮助到你的。现代人的心里不快乐，各种矛盾出来，都是出于内心。最重要的是你要管好自己的心。害别人的心也许你没有，但是对人生气，嫉妒别人……这些呢？

想要害人的根本原因是出于邪见，即不相信因果。在佛教中无论大乘还是小乘，都相信因果。如果人不相信因果，不相信善有善报，恶有恶报的话，那对他说什么都没用。

最后总结。杀生，恶语，心里想害别人，这三不善是出自嗔心的烦恼；偷盗，邪淫，想得到别人的东西，是出于贪心；妄语，两舌，绮语，是出于贪嗔无明。邪见，是出于无明。十不善都是由六个根本烦恼而来，即贪心、嗔心、疑心、傲慢、邪见、无明。

后面我们会讲到四谛。四谛里集谛讲了烦恼，你们慢慢可以看一看。除了有六个根本烦恼，还有二十种随烦恼。了解这些烦恼，对自己有帮助。心的状态变好，需要把心管好，最重要的是了解六个根本烦恼。知道了定义，以后生起什么样的烦恼时，观察心就会容易，否则你也很难注意。大部分人的人生不快乐，都因这六个根本烦恼。不快乐时你出去玩，也许能一时分散注意力。但天天不快乐的话，天天去玩也帮不到你。关键是了解不快乐的根是什么。就像生了一个病，病人知道了病根在哪，（有针对性）吃药才能帮助，否则是瞎吃而已。

现在有很多人得了抑郁症，这其实根本在于无明。佛法可以真正帮助到你，你去了解佛法，然后自己来医治自己。你自己就是自己的医生，别人帮不了你。了解病是哪里来的，烦恼是哪里来的，然后自己想改还是不想改。其实想治这种病的话，并不需要全部的佛教内容，仅集谛里有关烦恼的内容就可以治，甚至不需要相信三宝。只要你相信心的不快乐是从烦恼来的，具体知道这些烦恼，就能帮助。如果不了解的话，吃药最终也没什么用。

我也在观察这个病，开导旁边那些得了这种病的人，比如他们想要自杀之类的。我觉得这个病的原因有两种：一种是疑心重，喜欢怀疑，对这个那个都不满，说又说不出来。一种是孤独，闷着说不出来。大部分患者心里都别扭着，有压力。为什么佛经里的道理能对他们有用？因为他们可以想一想"我"的意义，想一想烦恼的定义。自己一个人时哪怕不修行也可以想，如果是别人来了，问起你，你可能不愿意承认，但面对自己，佛法来了，你自己知道，自己学，慢慢用，肯定会变好。西藏人听说谁得了心理病都会觉得不可思议，尤其是如果有出家人得了这个病，那更不可思议。因为出家人本来就是修心的，不应该有这样的病。很多人不学佛，不接受，不想治，你们可以慢慢开导。

答疑

问：上师，六种根本烦恼各是什么，能请您明确一下吗？

答：贪心，嗔心，傲慢，疑心，邪见，无明。不相信因果是邪见，相信有"我"是无明。无明就是你不知道，没看见，因此不会。

（讲于2023年4月2日）

第二十三讲 善业带来的果报

今天继续讲广论。上次讲的是因果,后面重要的部分,今天我们继续讲。

因果其实很难讲,因为我们之前说过了,只有佛知道。现在我们只能从书里讲做了什么样的好事会有什么好报,做了什么样的坏事会有什么坏报,让你知道一个因果的方向。这样当下遇到这样那样的事情,尤其是不好的事的时候,大概知道是因为以前做过什么,以后就会注意。

上节课讲了十不善,现在正面讲善业带来的能力(由福田门故力大)。之前讲皈依三宝的时候,比如讲到你要增加自己的资粮,供养和拜访寺庙。我们说修慈悲心,修菩提心,通常是从对待父母开始。这些方面去做哪怕一点点的善事,你的福报也很大;同样在这些方面做了哪怕一点点的坏事,果报也大。

为什么说善待父母福报大?因为父母在人生中对自己的帮助很大。我们之后要讲到上士道,生起慈悲心直至菩提心的顺序,要把众生都看作当过你的父母,那么在这之前你必须要知道你父母的恩德。一个对父母都没有感情的人,对众

生自然也不会有感情。没有父母的话，我们怎么长大呢？等你们自己做了父母，也就体会到了父母的恩德。

我有一个学习特别好的朋友，曾经问我，很多人想听佛法课，讲到慈悲心，你在国外是怎么讲的？我当时回答说，本来是从父母恩德开始讲，但现在这些西方人，好像都觉得父母没有什么恩德，所以很难讲。那时我很年轻，也没有很深地懂西方人的生活，遇到的一些年轻人说起父母：他们是因为孤单才做了父母，他们需要我们，把我们当成玩具；或者说父母有了我们是因为意外，所以父母没有恩德。我就以为国外的人都是这样。后来才发现西方人也有对父母的感情。所以说人容易因为自己的片面见闻而产生误解，看到一些人如此，就以为所有的人都这样。比如有些人开始接触的西藏人不错，就觉得西藏人都是好人。有些人接触了一两个坏西藏人，就觉得西藏人都是坏人。其实一个民族里都是有好人也有坏人。即便是一家里的三四个孩子，同一父母生的，都不一样，有的好，有的坏，何况一个民族呢？不可能全都好，也不可能全都坏。所以人要总结这样的错误。西方人里也有很多小孩很照顾父母的。

修慈悲心的第一步，你把众生当父母的时候，肯定要知父母恩。想一想从小父母怎么把你养大的，再去想所有众生都曾这样帮过我。

有关念父母恩，佛经里也有。释迦牟尼佛在父母去世时也给父母磕头，有些出家人不理解：佛陀怎么还要磕头呢？佛说因为父母对我们有恩德。如果没有父母的话，也没有我们。父母再怎么不好，你也被抚养长大了。我们养一条狗都需要花费很多心力，狗如果不听话，你也讨厌，何况父母呢？怎么说他们也是花了很大努力你才能长大。当然也有一种情况，就是父母把儿女像垃圾一样丢弃了，那肯定儿女是对父母没什么感情。但绝大部分父母还是把儿女养大了。所以供养给父母、给上师的话，功德大，但如果你对父母和上师有恨的话，过失也很大。

别人做善事的时候，你不要去破坏这个善事，比如人家给动物施饭，你不要去阻拦，罪过很大。另外去庙里的时候要注意一下，恭敬出家人。这里讲一个故事：第七世香萨仁波切去过北京两次，经过五台山。藏地认为五台山是文殊菩萨化身的道场。第七世香萨仁波切对身边的侍者——也是出家人——说，五台山这个地方一般没有女人，如果你在这里看到有女众，那肯定是度母的化身。那侍者听了并没当回事。后来爬山时，侍者走岔了，自己走到一处，看见一个女的，他不信，心里有轻慢，就跑去跟第七世香萨仁波切开玩笑说："你的度母在那边呢。"于是大家一起过去，却怎么也找不到了。第七世香萨仁波切说："本来度母跟你有一点点缘分——如果你见了就合掌恭敬的话。现在却因为你的傲慢，把福报浪费了。"所以去五台山，应把所有的人都当作文殊菩萨，对人人都尊重。其实是不是真的文殊菩萨不重要，你自己的恭敬心重要。平常去庙里，就把所有的出家人当作菩萨，功德大。

曾经有个印度来客对我说，你们出家人怎么条件那么好，人人都拿着 iPhone 手机。这其实是误解。因为出家人得到供养，没有可以花的地方。吃饭免费，衣服也不怎么花销，因

为一件僧衣至少要穿四五年,甚至经常一穿十年,没有地方需要用到钱,也不能拿供养来照顾父母,出家人是不能拿供养给父母用的,所以就爱买什么就买什么了。iPhone 手机里有藏文输入法,是唯一可以输入藏文的电话,用起来方便,其他手机都需要另外装软件才行,没那么方便。出家人又必须要用藏文输入法才行。所以别人看了老有这种误解。

佛教里很重要的东西,比如佛像、佛塔、庙、舍利……所有这些佛经里重要、宝贵的东西,在藏语里有一个专有名词,叫"ལྷ་རྟེན"(音译:拉甸)。供"ལྷ་རྟེན"的时候福报大,但是供坏了的话,恶业也大。就好比水里倒了盐就没法喝了,供养时的误解、不尊重,都是恶业。

下面讲一下这些业的果报。

第一个是异熟果,从十不善的角度来讲,可以说因为贪心、嗔心、痴心做了一件坏事,后世会引发相应的恶业果(由贪转饿鬼,以嗔引地狱,痴多成旁生,相反得人天)。

第二个是等流果。果不可能全都是坏的,善因结善果,恶因结恶果,果是好的坏的两方面都有。

比如有些众生之前因为杀了人在地狱道,这一世虽然投生为人类,身上却带着不好的习惯,对他后来这一世的人生有影响,让他处处不顺利,生活不好,别人经常说他坏话,这都是以前的因果。

我们痛苦的时候往往有两种做法:第一种就是出去散散步,跑一跑,转移心情。第二种就是从因果方面去想,想想自己以前做的坏事,才导致这样的障碍。这似乎是没办法的自我安慰,但事实上也确实如此。比如很多人都不喜欢你,肯定有原因。

等流果是以前下地狱，后来转世为人的时候还带着的习气，其实类似一个病没治好，还有症状。

比如一个人很笨，学佛没办法去想细的事情，想不出来，或者容易忘记，这些干扰都是以前的果报。有些人跟着假上师，真的好上师来了他也没觉得多好，倒是假上师他觉得好，这都是由因果而来的。对你有帮助的你找不到，没帮助的却一天到晚老碰到。

佛教讲的道理，人要真正去做，会觉得很难。比如我们之前讲的打坐，如果不讲打坐是为了什么目的，应该怎么做，讲得很简单，这样人人都喜欢。但真正讲怎么打坐，人人都觉得难。恰恰前者帮不到你，后面的才能帮到你。如果过去世做得不好的话，就会喜欢听好听的话，觉得不错。但后来看一看，自己是没有进步的。但大家都不看这个。我们现在讲广论也讲了几个月了，你们回头看一看，觉得有帮助么？有帮助的话就对了。重要的是自己看到自己的进步。生活中去想一想，各个方面去看一看。如果没有进步的话，是我讲得不好，你们学得也不好。

增上果。你现在干了什么，以后就有这样的果。同样一件事，做的时候想法不一样，果报也不一样。

比如以前杀生，现在这一世身体特别的弱，吃药也没有用，怎么都治不好。不一定是医生不好，可能是没有这个缘分，没有这个福报，所以治不好。所以在我们西藏，如果有人病了，首先要占卜、念经，看他有什么因果方面的问题，然后再去治疗，这样很有帮助。很多医生有这样的经历：遇到两个人，

生一模一样的病，一个治好了，一个却治不好，怎么都治不好，吃药完全没办法有帮助。这时念经再吃药，有帮助。

如果一个人过去世偷东西的话，下一世就可能怎么努力都得到的很少。如果有人很容易遇到别人骗你，到哪里去都碰到骗子、小偷，经常其他人没丢东西他却反复丢东西，那恐怕就是他以前偷过东西。都是有原因的。

两舌的人，去哪里都有恐惧。他在中阴身状态时，心不稳定，充满恐惧，就觉得路很难走，有各种狂风，也让人畏惧。作为人身时也老有恐惧，胆子小，心里容易不安和紧张。这都是以前两舌的果报，两舌的人会心里不安。

十不善的最后三个，贪、嗔、痴，是心里的业。有些人本来一直很顺利，后来慢慢地不顺利了，一年比一年差。顺利是因为以前的福报，有两个原因：这辈子做的好事或者过去世做的好事。但以前也做过坏事，时机到了果报成熟了，所以一下子坏了，事事不顺。人会想，为什么这么差？人好的时候，整个人都有光泽，障碍现前的时候，慢慢身体都不好了。

所以什么时候如果来了坏事，如果学会从因果方面去想，会有帮助。有一个朋友，丢了一万美金，心情很不好。但他想，一下子被人偷了这么多钱，肯定是以前欠别人的，现在还了呗，这样想就舒服多了。如果因为倒霉事心情不好，本来丢的只是一万美金，结果难过得抑郁了，去医院又花掉三四万，不值得。找不到原因时，最好念经回向给众生，不要徒然在那里难过，不如就当作自己过去世的业还了。

如果知道一个人偷了自己的东西，但是不好讲或不敢讲，他又死也不认,那就不如不要讲,当作给了他。以后见面也没尴尬。是真的做出来,不是嘴巴上说:偷了就偷了。能拿回来就拿回来,如果拿不回来的话,就想着这个东西最好能帮到他,否则这样难过也不值得。希望这个东西能好好帮助他,是心里真的做到,回向给他,这样他也得到了很大帮助。偷来的东西肯定心没那么安,西藏人分食东西相互递送时如果掉了,会开玩笑说:是你舍不得所以掉了。所以把被他偷走的东西,真心给他时,肯定帮助大。

经常去想因果的很重要的原因是,平常会留意心的状态,对自己有更大的帮助。遇到坏事的时候,人们往往会想,只有我一个人这么倒霉。其实也许是自己一个人如此,也许很多人都这样,要看怎么去想。所以我们说不同的业有不同的果报,自己去书上细看一下。不仅仅是坏的业、坏的果要这么想,好的也一样,好事养成习惯,下辈子的人生会更好。比如每天早上念经回向给众生。

刚才我们讲的异熟果,功德大,福报也大;功德小,福报也小。坏事也一样。然后讲等流果、增上果。因果方面我们都是从恶的方面来讲,因为人从坏的方面去想更容易理解。

如果讲十善,开始想的话,萨迦派有一种传法,类似广论,讲刚刚开始学佛的人,第一要摆脱人身的这些痛苦;第二就是想要离开,出离心,未来想要自己当神仙,这是类似下士道里的意思;第三是希望解脱轮回;第四是希望成佛。思考因果首先是因为你怕人生过得不那么好,这一世人生过好了以后,你希望死后的未来世过得更好。一开始学佛是怕人生痛苦,慢慢地希望自己解脱轮回,最后希望成佛。

所以修行佛法大概有三条路。第一是你做了十不善业，怕下地狱，为了自己从中解脱，求自身解脱轮回。这就是成为阿罗汉的路，他只是自己怕轮回。阿罗汉没有菩提心，但慈悲心是有的。第二是自己想成佛，但没有很好的上师，没修到菩提心，自己不完全知道要怎么成佛，但有慈悲心，最终修成了中佛或者说是独觉。第三条路是心更大了，不仅有了慈悲心，也有了大慈悲心和菩提心，也更加智慧了，最终修成佛。

在这三条路里，关于十善十不善，讲的法一样，但是做的时候想法不一样。

阿罗汉的心没那么大，他只想自我解脱，没有想众生，所以只能成为阿罗汉。独觉想成佛，但自己没有好上师，生不起菩提心，所以没法成佛。最后肯定是要有菩提心，以更大的慈悲心和菩提心去帮助众生，才能成佛。

所以关键是法怎么去用。法就是那个法，没有太大区别。大乘里讲空性，小乘里没讲过。但为什么中观应成派认为，有些阿罗汉也现量懂空性，他们却不是菩萨？差别就在于他和菩萨的心不一样。阿罗汉，我们开玩笑说有点小心眼，只想自己解脱，因此修不到菩提心。而菩提心是菩萨的门，没有菩提心的话，智慧再怎么高，他也不是菩萨。心是最重要的原因。修持密宗也一样。念的咒是密宗的咒，念的时候，这个法是很高的，但心如果没到，没有菩提心的话，修也修不到，没有用。这就是我们说修心的重要原因。以上不是宗喀巴大师讲的，是佛经中的《十地经》里讲的。

还有些关于因果的比喻部分，我们下周再讲。

答疑

问：上师，依然不太明白中佛是怎么回事，中佛自己想成佛，但没有上师？

答：佛经里对阿罗汉说得很多，佛的很多弟子都是阿罗汉。但对中佛说得很少，只是说了这样的词：独觉，辟支佛。但到底谁是独觉？不知道。我觉得汉地的济公很像独觉，他总是独处，不会经常讲法，但是在行为做法上能够帮助到他人。独觉自己是想成佛的，不只是解脱轮回而已。要说没有上师呢，肯定还是有的，完全没上师的话根本什么也学不到。所以可能不是那么好的上师。又也许他学了一点，接着就自己去修了，但他并不知道要怎么成佛。慈悲心是有的，但肯定没有菩提心，只能修成中佛。在佛经里有个动物方面的比喻来讲独觉，因为他不和任何人打交道，所以被比作犀牛。因为犀牛也是独来独往，不是群居动物。独觉也不是几个人在一起，他只能一个人自己修。

问：上师您说到对僧人要尊重，我有个困惑：有一次忽然在路上遇到一个和尚找我化缘，说必须给，不能躲，否则会如何如何。我勉强给了，但心里很不舒服。觉得这是假和尚。遇到这样的情况，如果不给，算是不尊重僧人吗？

答：我知道这种，美国也出现过。他们穿了僧衣，在家人很难分辨。如果知道是假和尚的话，必须要报警，法王也说过。因为他们不是真正的僧，把出家人的名声都败坏了，是败坏佛法僧。汉地还有那种假和尚，说送你念珠，给了你

以后他就找你要比如二十块，还不能退。我自己也遇到过这种假和尚，他们面对面看见我穿着的衣服，一看到我就跑了。这不是僧。新闻上也报导过，也抓过，他们这种行为最坏的方面是影响了佛教。

  我说要尊重的，是你在庙里要尊重庙里的僧人，那肯定是真正的僧人。当然，我知道有些僧人也坏。比如有句话说，三大寺就好比大海，什么鱼都有，鲨鱼也有。但寺庙里有管理出家人的出家人，他们会每年轮换。出家人的好坏事情，在家人不要去管。就像我们到了菩提迦耶，那里有些印度人很坏，但我们尊重是因为那是佛陀的地方，我们尊重佛陀。如果是在庙里，作为在家人不要去管出家人的事，先反省一下自己是不是眼睛有问题。

（讲于 2023 年 4 月 9 日）

第二十四讲　八种异熟功德

我们继续讲广论。上次我们讲了因果，讲到了异熟果。异熟果的功德有八种。广论里先讲果，后讲因，因此宗喀巴大师这里因和果都讲了。这些清楚地知道了以后，在生活中对在家人有帮助。这不是别人说的，你们自己看书，就知道这些都是佛经里出来的。

我们是从异熟果的果报的角度来讲，说的是做了什么，有什么样的功德。比如自己和别人做了什么样的好事，有什么样的福报。这样的因有八个。

一、不杀生，不去伤害众生的话，引起的果是长寿——这能够帮助很多众生，自己的修行也没有干扰。不信佛教的人思考这一点也很难，因为他们没那么好的福报。

二、别人看见你就很高兴，别人对你的话容易相信，能听你的话。这个功德是怎么来的呢？你过去点了灯供了佛，布施了好的衣服，这就让别人看你的时候很高兴。以前你不说假话，现在别人就会相信你的话。如果以前造了业，现在你怎么说真实的话别人也不听，这时候你也不需要难过，肯定是以前做了什么坏事。真正的修行不需要去在意别人怎么

想,而是要自己真实地怎么做。有的时候你为了要在别人面前表现得更好,你自己其实更累了。如果你说了什么别人不听,第一次别人不相信,第二次别人或许就理解了。就像西藏有句话,金子即使在土里,也会发光的。

三、你能做到什么,只要你答应了别人,你就能够做到——有的时候我们答应了一件事却没做到,不是不想做,有时是能力不够,或者有时是忘记了——有这样果报的人,是因为压伏了自己的傲慢心,尊重周围的人,尊重自己的上师,而让自己像奴仆一样,如此所得的功德。不恰恰是这两个,如果人能真正地尊重、真正地皈依上师,也许是过去世答应了别人后,什么都做到了的果报。因果的顺序我们无法确定。

四、有能力可以布施,能帮助到很多人。这样的果报是因为过去你自己布施了众生,有些人需要帮助的时候,你知道了,就帮到他。这样的话,以后你再去帮助人,可以帮到更多。出家人没有财物,但出家人的布施是讲法,讲了法,听法的人真正按你说的去做的话,能帮到他们。有缘分的人你才能找到、帮到,否则没缘分的话也找不到你。

五、讲的话好听,别人听起来有道理。有些人讲话很圆满,讲的道理很深。这个功德的原因是他在身口意的语方面四种持戒做得好,远离离间语、妄语、粗恶语、绮语。这样他说的话很多人相信。美国有一个残疾人,两只手都没了,但是他讲话很厉害,这种人肯定是做到了这四个,但是别的身方面的持戒没做到。

六、你去干什么,去做一件好事,一件功德,很多人愿意帮你,让你能做到这些事。比如你想做一个法会,你可以圆满地做到。能做到这些好事，就能帮助更多的人。这样的果报是因为你过去做功德的时候很圆满，有回向。

七、你可以有修行条件，修行而增加智慧。现在每个人旁边都有很多人，有人说我自己去一个安静的地方修行，那样也没人打扰我。但是现代社会里要找这样安静的地方，很难，有高科技的产品，很难远离，也不能不用。就算你到了山上，也能用手机。所以你能有这样的修行条件，这是因为你过去对有些人尊重——有些西藏人看到这条有误解，其实这里是指对有学问的人很尊重的意思。迷信的人看的时候不喜欢这条，其实是没有真正理解。

"厌妇女身"是不要去接近女性，不是看不起女性的意思。这句话是从男性修行者角度来说的。往往是一些有这样见解的人，心底看不起女性。这里说的是出家人需要远离女性，否则的话就很容易陷在轮回里，但这并不是看不起女性的意思。就像比丘尼需要远离男的一样。但生活里在家人有夫妻这些，那样很难专心修行。现在西藏人也很讲爱情，做不到真正的修行。你去看现在的电影、电视，大部分都是讲爱情，生活中离不开爱情。当你把爱情放到最高的时候，佛教的道理肯定是不能理解。

有一个过去的高僧的故事，他为了修行去布施，把自己所有的都布施了。远离了自己的国家去修行，拿自己的宝贝出来布施，帮了很多的人。有人说，你把孩子也给我吧。他就把儿子也送了，几个儿子都布施出去了。最后自己的太太也送了人。有些西藏人说他没感情，他做的按现在来说是不对的。但是从修行人的角度来看，众生都是平等的，他妻子

孩子跟着这个人还是跟着那个人是一样的。所以我们羡慕那些佛菩萨的境界，但是真的到生活里来的时候，可能我们看都看不起，肯定骂死他。这位高僧的太太知道他不太一样，他儿子女儿也知道他不太一样，都听他的。

所以我们判断一件事的尺寸或标准是怎么来决定呢？是让佛教成为你的标准，还是什么？如果你是以爱情为第一的标准，那学佛肯定学不出来。因为爱情里的爱是出于自己，是出于我执。我们看到电影里那些最美的爱情，一个人死了，最好的结果就是另一个人一辈子到死都想着他，我们觉得那样最美。很持久很难忘地想，其实那是痛苦嘛。这样的爱情，其实爱的是自己而已。你需求他，强迫他，两个情侣吵的原因，大部分都是"我希望你这样""我觉得这样好"。"我""我"，最后其实就是我。

佛经里好像是看不起女性，其实比丘尼也一样，男的不能碰，那并不是比丘尼看不起男的了。持戒要求这样。如果你老是出现我、我执，那解脱轮回是不可能的。

答疑

问：仁波切我有一个问题，第六世法王仓央嘉措，是一位著名的情僧，他写过很多情诗也很有名，但他同时也是一位修行很高的人。怎么理解他的修行与情诗呢？

答：第六世法王的很多诗歌不是他写的，有些是大臣托他的名写的。有两种说法，第一种说法是，有些大臣出于政治原因，要破坏第六世法王的能力和影响力，写了很多诗混进去。西藏那时的政治有很多很残忍的故事。第六世法王修行很高,但他写的书、他的诗歌有别人加进来的内容。第二种说法是,第六世法王说得很深,有些诗歌看着像爱情,实际是很深的佛经里的内容,变了一个意思表达出来。

就像有一首诗也是一个故事,在汉地都很有名,还有歌手唱过这首诗。那首诗有一句大意是:给我一个飞的能力,我不会飞得离你很远的,就在周边的地区(理塘)转一转就回来。这首诗的真正含义是什么呢?

第五世法王的管家,权力最大,学问也很好,会算命,很有才。第五世法王和这个管家很亲近,从小就像儿子一样地培养他。第六世法王是唱给这个管家的,这首诗的意思是,人死了就像风筝的线断了,飞走离开了,我去世了,我的转世不会去很远的地方。后来第七世法王果然转世在理塘。所以修行特别高的佛菩萨说的话,我们是说不出来其深意的。

(于道泉译本:白色的野鹤啊,请将飞的本领借我一用。我不到远处去耽搁,到理塘去一遭就回来。

曾缄译本:跨鹤高飞意壮哉,云霄一羽雪皑皑,此行莫恨天涯远,咫尺理塘归去来。——注:七世达赖法王转生理塘,藏人谓是仓央嘉措再世,即据此诗。)

再讲一个故事,那洛巴曾经在那烂陀寺,是学问最好的一个修行人,因此负责守门(与外道辩论),守门是最重要的,学问最好的人才可以去。他因为学问好,傲慢心也大,觉得没有什么人可以超过自己。有一次遇到一个长得很可怕的得麻风病的女人对他说,我舅舅的修行比你高。那洛巴问:你舅舅是谁?她回答:我舅舅叫帝洛巴。那洛巴一听这个名字,心中生起强烈的亲近心,眼泪夺眶而出,汗毛竖立,说我必须要找到这个人。他就把自己所有的都放弃了，把在那烂陀寺守门这样的一个最高的位置也放弃了。就这样使劲去找，怎么都找不到帝洛巴，其实帝洛巴早就在他旁边，但是就像你们《西游记》里唐僧取经要经过磨难一样，帝洛巴给那洛巴十六个磨难，最终都被他克服了。比如有时候让他去惹怒国王跟大臣，被他们暴打一顿赶出去……其实我们看这些大成就者，从帝洛巴，到那洛巴，到马尔巴，到密勒日巴，他们的修行都那么高，但是我们是很难理解的，我们凡夫也没当一回事。

托第六世法王之名的诗有些是六个字的，那是一种拉萨的文学方式，做了什么，会把它编成歌唱出来，戏里面唱出来，包括一些对现实的不满，后来也有其他人作的诗放进来，也有这种说法。

我们刚才说的厌妇女身，是指心里远离对女性（的情欲），不是指不能听女性的话。我们不能只看一本佛经，看了一本佛经就去总结的话，会有很多错误。有些佛经你去看的时候，里面讲不能碰女性，但其他的佛经也讲了别的，所以你要看很多的佛经才可以。比如马鸣菩萨《上师五十颂》里面特意讲到不能嘲笑女性，要尊重女性，因为女性是智慧的代表。所谓丈夫功德，是比喻，要从戒律方面去理解。

八、你要去做自己的事也好，帮别人的事也好，做起来都不辛苦——有的时候，有些人做自己的事不难，但是做别人的事时，就会因为各种原因而拖拉——你帮众生也好，做自己的事也好，也不难。得到这样的功德和福报是因为，别人做不到的事，你去做了。

　　本来今天还想讲四种对治力，来不及了。下次讲完以后，下士道就讲完了。《三十五佛忏悔文》，我传给你们，你们平常多去念一下。发给你们的书（《日常课诵集》），有些我念过，有些没有，之后我会念了录下来，就按照这个来念。《日常课诵集》的经文，大部分有中文翻译，也有念的发音。

　　这几节课讲的因果，逻辑上是没法讲的。但是你们多去看一下，就知道要注意什么，什么样的因会有什么样的果。

　　我问你们一个问题吧：之前我们讲的修行上开始的时候，你要注意什么？就是刚开始的时候最重要的是注意什么？

　　（有人说皈依上师，皈依三宝，有人说念死亡无常，有人说相信因果……）

　　都很重要。哪一个没有都不行。我们为什么去修行？最终修行的目的有两个角度：智慧的角度是空性见，帮助众生的角度是菩提心。

　　但是最初修行时念死亡无常是非常重要的一点。修行人最初有很多烦恼，无法去除。噶当派的修行人却甚至可以布施自己的身体，他们修的很重要的一个就是死亡无常。我们最后肯定是想成佛的，我认识这样的人，天天想学最高的空性见、菩提心，但是最最基本的死亡无常，因果顺序却不懂。这也是广论强调的原因，基本的你没有，上面的不可能有。地基打好了，Founding（基础）有了，上面的也没问题。有了死亡无常，因果顺序这些，再去想高的那些，也许能想到

一点点。死亡无常修好了,就已经可以大大去除了我执,不恰恰是解脱轮回需要修死亡无常,成佛也要修死亡无常。

(讲于 2023 年 4 月 16 日)

第二十五讲　观察心与四力忏悔

今天我们讲四种对治力。

学了因果后,我们有时开玩笑说,不懂戒律的僧人更快乐。我们的心不清净,每天犯戒的机会多得很。

所以我们说要忏悔,以我们之前讲的噶当派的方式,一天要四次去观察自己的心。观察自己的心,其实什么时候都可以做。怎么观察这个心,我之前说过很多次,有些人可能是没有那么清楚地理解,所以我想给你们重新说一下。

平常噶当派的方式是怎么样去观察心呢?比如说早上起来,一下子醒了的时候,不要一醒就去看手机。大部分人是醒了首先就去看手机。很多人说我看新闻,新闻也可以不用那么急吧,你可以慢慢看,吃早饭的时候也可以看。但是我们刚醒来的时候习惯要好,一醒你就想一想,昨天你做了什么。即使昨天的事昨天已经三次地想了,但是你就这样再想一想。

平常我的做法给你们讲一讲。细说的话,我们一醒来,就想一想三宝,然后你可以念自己的上师、本尊的经咒,简单来说的话,念皈依上师、皈依佛、皈依法、皈依僧。你用

中文念也可以，什么语言念都可以，你自己念一念，想一想。想完了以后，用呼吸把自己的身体调养一下，这样的话身体状态好。这个有时候我能做，有时候我也忘记。刚才你躺着的话，现在坐起来，然后呼吸。之后你还是不想起来的话，可以躺着，你要去想，之前所有的你都可以去想一想，自己做了什么坏的事，去观察心，还有是你自己前天、昨天学了佛法，有什么进步。心里想完了以后，你要下决定，今天开始，起来后要好好地按佛教的内容来做，比如你爱生气，就提醒自己，今天不要生气，爱嫉妒的人，今天肯定要注意这个……人肯定是有烦恼，我们有的是烦恼，你们自己觉得，啊，我没有，肯定会有（笑），有的是烦恼，这个我们不要担心。你想一想今天要注意什么，肯定是没办法全部都注意，但是一个方面我们可以去注意一下。这样下了决定。

　　第二次观察心是，早饭吃完了，大概是你们去办公室的时候，开车的时候观察心肯定是有一点难，但是如果别人开车带你去，你坐车的话，可以这个时候想一想，从早饭到现在你做到了什么。也许这个过程中你打电话说过了什么话，这个里面该说的、不该说的、或者是废话……这些反复地去想。自己做错了的，你要想改，这个心我们是必须要有的。所以这样三次、四次，晚上睡觉之前，躺下来的时候，如果一下子睡着了——很少有这样的人啊，你特别困了的话可以，但是没睡之前，你可以去想……刷牙的时候也可以去想。其实这个想，不需要在特别什么地方去想，比如你必须要坐着这样，不需要。你做什么事情的时候都可以去想，今天做了什么，我今天碰到什么，见了几个人的时候，我说了什么话。

这样的时候——这是我自己的感受——有时候真的是，烦恼是我们习惯了，很多从小时候形成的习惯，别人那边学来的习惯，自己慢慢成长的习惯，一个民族的文化的问题……有很多坏的习惯，然后自己也不知道，但是你晚上这样观察的时候，你能慢慢感觉到，哎呀，我今天做了这个，太丢脸了。我为什么讲了这些话呢？我为什么做了这些事呢？你有这样的心的时候，真的是有进步了。你觉得一天里面你没有干过坏事，其实是你没有真的观察心。因为我们的心不可能没做过坏事，有时候行为上面我们没做过什么，但各种各样的想法是出来的。也许你没讲，但那个时候有什么思想出来了，这些都要去想。

简单来说，从身、口、意三个方面去观察，做过什么行为、说过什么话、动过什么念头。都去想的时候，你要去改，不该干的这些干了的话，就按照之前我说的这个去忏悔。一天里面，念一次《三十五佛忏悔文》，这是念的一个重要的法。起到这样的一个心来念的时候，忏悔肯定是有帮助的，不恰恰是昨天、今天做的，今天教了以后，现在开始，以前做的有什么事情后悔的话，可以忏悔。

下面讲怎么去做。四种对治力里面，第一个是厌患对治力。宗喀巴大师说，首先你不要去做这些坏事。但烦恼是什么时候都起，所以烦恼起了的时候，佛陀说过可以用忏悔的方式来消掉我们的这些业。第二个是现行对治力，第三个是返回对治力，第四个是所依对治力。

我们先讲第一个，厌患对治力。我上次查的时候，字典里的顺序和这个有些不一样。但是宗喀巴大师的广论里，第

一个讲的是厌患对治力。业是烦恼做出来的,其实很多事情也是因为烦恼,这个对治要怎样去做呢?重要的是念《三十五佛忏悔文》。等一下我们这节课快结束的时候,我给你们念一下,因为这样的话,你们也有传承。这个部分重要的是要明白烦恼在这当中做了什么。

　　第二个,现行对治力。对治的方式主要是念佛经和咒语,比如平常说的百字明咒,和有些佛经。念的时候,重要的是观察心,为什么要念这个忏悔,原因必须要知道。以前做过什么后悔的事情,自己很清楚地知道,然后去忏悔。有时候我们不知道的事肯定也很多,这些你也可以去想,但重要的是去想那些自己知道的,这样这个忏悔才有目标。有目标的话,可以忏悔。但是忏悔文里有一句,你造了很大的业,比如说杀了一个人,还有是在我们这个世界很容易做到的,诽谤了一个佛菩萨。有时候我们不知道真相,别人说的我们就相信了,然后到处去说,类似这样的事情。

　　你们也知道,前几天也出现了这样的事件。其实事情不是这样的。媒体制作新闻的时候,有些是特意要把事情弄大弄坏。因为我们现在这个世界,人人都想把好人压下去,有各种各样的目的,有些是宗教的原因,有些是政治的原因。所以一个事件,其实是没有什么坏事,但是你把它当成坏事,别人说的时候,你也不清楚,就说了这些话。这件事后来也有人来道歉了。因为之前不清楚的时候,人很容易说什么什么。我自己的习惯是没有这些的,我自己看到的我去说,别人说的我都不信,因为现在媒体上什么都说。这样的错事很容易犯,这些要去忏悔。比如今天别人说了,你也就信了他说的话,明天知道了真相,你后悔,后悔的时候我们肯定要忏悔,因为说了不该说的话。

忏悔的时候我们主要是念百字明咒,各种各样的佛经,各种各样的咒。念的时候,你肯定是忏悔什么,把这个业去除。在你的梦里面,比如说吐了什么,比如说看到了星星,有这些的话,这个忏悔肯定是真的做到了。很多人信梦,但其实以前高僧们不太那么信梦。他们说梦本来就只是一个梦,不是那么清楚的。所以不要去信这些。忏悔真正做到的结果是,比如之前你对自己的上师有点怀疑,说了他什么不好的话呀,后来你后悔了,忏悔了以后,对上师的信心加深,其实就是你真的做到了忏悔。这些梦,有时候也不那么准确。所以梦的话,不要全部信。最好是知道自己为什么忏悔,有时候越忏悔越对上师有信心。自己以前做过什么事,越想越觉得后悔,真的是后悔,这样思维的时候,心里慢慢会有一个感觉,这个时候你自己会真正知道。有时候梦见吐了什么,醒的时候一下子觉得舒服多了,心的状态也好多了。这样的话,可以相信。但如果我们全部都希望做什么梦,这样的话,也不太那么可信。这个要顺其自然。

第三个,返回对治力。返回的话,在广论里主要是按十不善来讲的。因为这时候讲的是下士道,刚开始修行的人,最适合讲十不善。我们之前也说过,想一想十不善里面你做了什么。我刚才说四次观察自己心的时候,想这个最容易。身业三个,口业四个,意业三个,你想一想做了没有?今天这些十善都没有破吗?这样去想,也简单。如果有做的话,就要忏悔,比如我今天说了妄语,做了什么事情,自己去忏悔。

第四个是所依对治力。藏语叫"རྟེན་གྱི་སྟོབས།"（音译：定几栋），中文是皈依，然后就是修菩提心。还有是平常转庙，修塔，建庙，这些全部都可以算"རྟེན་གྱི་སྟོབས།"。

以这四个对治力来忏悔，很大的业也可以忏悔干净。但真正做到四种对治力需要两个条件，难度在这里。需要什么呢？菩提心，还有空性。不是懂空性，但是要生起空性的心。这两个都有的话，你真的能做到四种对治力。要不然的话也很难。

菩提心起到的这些作用，我们理解起来比较简单。为什么需要空性呢？你越是从缘起的角度真正知道了空性，你就越知道因果很深。越知道因果深，你忏悔的时候也更细，因为懂了道理。要不然我们说忏悔，就去想了想，念了经，觉得这样就忏悔到了一样，不是这样的。

所以，忏悔的时候，最好去想一想缘起，想一想我们这个世界，都是从哪里来的，所有都是从缘起来的。烦恼也是从缘起来的。你要去想这个，不是说烦恼是空的。从缘起来说，不仅仅指烦恼。烦恼是从哪里来的？我们现在讲一个能理解的方式，很多烦恼是从无明来的，六个根本烦恼，重要的是无明。轮回里面流转的人，烦恼的根是无明。我们要去认识这个无明，无明就是我执。所以，从"我"起到了这些所有的烦恼。从"我"起到了十不善，十不善里很多烦恼，比如贪心……因为你先有了"我"，所以你的这个贪心，嗔心，恨心……全部都是从"我"来的。从这个里面，起到了很多很多导致我们在轮回里转的烦恼。

有时候我们觉得"我对你好"，"我什么什么"，你第一个讲到"我"的时候,其实不是替对方好,第一个是对自己好。你看我们生活中说,我对你好,我对他好,第一个是不是从"我"字开始的?所以你第一个是对"我"好,然后才"我对你好"呢。其实你对他好的原因就是你对自己好,所以这些都是从烦恼起来的。比如说恨心,也是这样来的。

所以我们这个时候就去想,从"我"当中来的所有烦恼,第一个要知道"我"到底存在还是不存在?因为"我"对你这么好,但是这个"我"在哪里呢?这个"我"是什么样的"我"呢?我说的想空性的原因就是这个。这个想一想,然后你再去真正地忏悔的话,很有帮助。还有就是要生起菩提心。

这四个对治力里,我想简单讲一下百字明咒。怎么去除障碍,怎么忏悔。念咒时要观想金刚萨埵,你们知道这个佛吧?我们说念百字明咒的时候,观想白色的金刚萨埵,他两手相叠,上面有金刚杵。首先把金刚萨埵请到了自己的头顶上,然后念百字明咒。念的时候,金刚萨埵的身体可以发光,有些YouTube上做得很好看、很细,你们可以按照那样去观想。然后从金刚萨埵上面来了白色的光,从头顶梵穴慢慢进入你的身体,然后充满了你的身体,你身体里面的比如说烦恼,是黑色的,就像大便一样,从下面排出去了。有些细的烦恼,就从你的毛孔里面,像各种各样的虫子一样被排出去了。排出来的这些,全部都到了地里,地是金色的地,把这些全部都压碎了。你念这些的时候,要做这样的观想。不是你就在那里念,然后什么也没想,那就成了我们说的鹦鹉念玛尼一样了。

所以念各种各样咒的时候,有各种各样的观想。刚才我简单讲了一下百字明咒的观想。有一种观想更细，你们可以在 YouTube 上看一看，百字明咒里面的一百个字，全部都围绕着你顺时针转。但是这些都去想的话，你们也容易乱。所以开始的时候，你们可以简单地这样观想。观想金刚萨埵在你的头顶上，然后从金刚萨埵的身体上也可以，从金刚萨埵的金刚杵上也可以，也许是金刚萨埵的心中，这样出来了一道白色的光，然后从你的头顶上慢慢进去了，进去了以后，就像水倒在瓶子里面一样，你的身体里面充满了这个光，然后慢慢把里面的所有这些障碍啊，各种各样的病也可以，向外面去除出来。也不仅仅是自己的一个障碍，这个时候你就把旁边的人的业，所有众生的这些业，也去除了。

你们初步可以简单地这样想，慢慢你们熟悉了，然后就像刚才我说的，也观想一百个字顺时针绕着你转。不知道这些字的话你不要想，知道这些字的话，可以观想它们顺时针这样转，然后这些字上面一个一个有光。但是这个观想方法需要知道这些字，所以现在有点难吧。目前可以去想简单的方式忏悔。

忏悔的这四个对治做了有什么好处呢？你真的做到的话，要是下地狱，也许本来要在地狱里待几万多年，结果就待得很短，做得最好的话，又也许是不下地狱。所有这些忏悔，有这个功德。

答疑

问：四种对治力忏悔的时间有限制吗？比如说很久以前做错的一件事情，五年前十年前二十年前，现在想起来了，那现在忏悔的力量够吗？可以忏悔吗？

答：可以。不仅仅是十几年前，我们前世做的那些，你不知道的那些，忏悔的时候都可以去想，这样的话有功德，完全消失也许很难，但是要这样去想。现在做的业很清楚，肯定是有帮助。以前做的业，二十年前做的，因为以前不懂，现在懂了你就知道了，真正去忏悔，为了这个要去念很多百字明咒，这样念有功德。念的时候像刚才我讲的，心里观想金刚萨埵。

为什么我没办法说一句绝对的话呢？因为各有各的缘分和业果，你真正忏悔的时候，你的忏悔做到了的话，肯定会有一个信号，就像现在我们能收到手机短信一样，有些是像梦里面你吐什么东西，这就是做到了的一个结果的信号。这个各有各的不一样，有些人是这样的，有些人是那样的。比如说你种花，你以前怎么种都会死。但是以前的错你知道了，你忏悔，慢慢的几年以后你种的花很容易开，这些其实是刚才我们所说的一个信号。还有，有些人去哪里都觉得自己倒霉，要去买什么东西，到他的时候这个东西刚好没了。有人就真的是这样的，倒霉的全部都发生在他身上，但是真正忏悔之后，这个也没了。有些人是自己真的做了好事，但是也不知道，他觉得现在运气好多了。其实是你以前的一个障碍，你真正地把它去除了，所以运气好了。从因果来说原因就是这个，自己不知道。这些细的有各种各样的，一句话来讲的话，也很难说。

一个佛教弟子，你做什么的话，对上师也可以，对佛教也可以，你的信心更足，自己清楚这些的时候，其实身上很

多烦恼是去除了。如果越学疑心越重，那学得根本不太好。还有天天怀疑这个，怀疑那个，然后不断增加自己的烦恼，最后没法学了。这些我们从因果来说是这样的。

差不多这样吧，这些你们大概是知道了。我的意思是，重要的是观察我们心的状态，然后平常你们自己也念一念我给你们的课诵集。第一个（礼赞释迦牟尼佛）是我们平常早上起来念诵的，你们一开始背下来最好，全部背下来也许难，但是你们现在开始背，中文的也可以。比如说佛陀的第一句这个你们一起床就念，下面的这些是龙树菩萨他们写的。比如刚才我说的皈依上师、皈依佛、皈依法、皈依僧，这些念一念，自己这样观想一下佛陀，功德是很大的。一起来就观想，不要一起来就看手机啊。之前有人问过我，仁波切你一起来做什么呢？我说一起来就观想。他说，我一起来就看手机。这个其实不那么好。所以这个你们去念，早上起来能想到的话，真的很好。

下面你们看一下《三十五佛忏悔文》。我把这个念一下，全部念一下，这样的话，给你们也传了这个忏悔文的传承。

（念诵《三十五佛忏悔文》）

第一句，所有的佛，十方所有的佛，以前的佛，现在的佛，我们全部请到自己的前面，然后呢，现在、以前做过的所有的业都忏悔……

（继续念诵）

这个《三十五佛忏悔文》，你们平常早上能念的话，最好早上起来念一次，然后晚上睡之前念一次，这样的话，你就能及时忏悔……这里面有三十五佛的名号，还有忏悔，回向,你们晚上念的话,回向最后念的这些全部都很清楚。所以就平常念一念,这些的意思中文里也有翻译,这样去想一想。这样我们所做的大大小小的业,慢慢都去忏悔。你肯定不可能一下子忏悔完所有的业,但是慢慢能做到。

问:您刚才说到的四个对治力真正产生的两个条件,一个是菩提心,还有一个是需要懂空性。这两个条件在做对治力的时候该如何放呢?应该在什么时候放呢?

答:不是懂空性啊,那我们差得很远了,而是有这样的一个空性的想法,起到了这样的一个想法。刚才我们说烦恼是从哪里来的,这些都去想一想,我们说缘起的空性,有这样的一个想法,可以说有空性的这个心的帮助吧。然后刚才所说的菩提心是什么呢?所有的佛请到了以后,你旁边是所有的众生,你正在忏悔的时候,不恰恰是你自己一个人,所有的众生他们做忏悔,你也要去帮助,帮他们做到了。所有的这些佛也给他们加持,然后他们的烦恼也去除了,这样的一个心,这样的一个状态。

比如说,刚才我所说的诽谤菩萨的人,有的我们觉得可怜。世界是这样的时候,我们很容易被迷惑。有些人是故意弄的,有些人是为了自己的利益、自己的名誉,有些人说有名的人的这些坏话,他也知道是假的,但是他这样说的话会出名。其实真的是可怜。所以这样的人,不要去恨他们,我们就可怜他们,没什么该恨的。忏悔的时候,你觉得他们这些做的业去除了,要有这样的一个心。就像我总跟你们说的那样,不知道的众生,想也没用,知道的比如说我们旁边的

人做过的业，自己认识的人，做过了什么坏事，他们的这些障碍也这样消失了、去除了，这样的话最好。

问：也就是说这两个条件具体表现在我们做忏悔的时候，一个是把众佛请到眼前，还有就是你认识的和不认识的众生请到身边，和你一起做忏悔吗？
答：嗯。

问：同时就是懂得自己的这个烦恼产生的原因是什么，从空性的角度去想。
答：是。

问：从缘起啊，因果啊，这样去思考它的时候，然后做忏悔。
答：是。

问：回向的时候，就是你身边的众生都做到了忏悔。满足这两个条件，是吗？
答：是。

问：师父，是不是您说的菩提心，也是从菩提心的角度，因为我们现在离真正的菩提心也差得很远。
答：是菩提心的角度。刚才我所说的那样，比如说众生都请到了，这些其实就是菩提心的一个角度。

问：我们现在应该离菩提心还差得很远很远。

答：是。所以这样心的状态，这两个的心的"བསམ་པ"（音译：三巴），你们中文所说的角度（意乐），去想。

（讲于 2023 年 4 月 23 日）

后记

依旺吉

  2022年夏秋之交，我和东涅嘉措请秋尼拉姆师兄帮忙，向仁波切请法教授汉语的《菩提道次第广论》。慈悲的仁波切很快答应了我们。这一次听法的师兄有十几人，都是汉人。白玛拉姆师兄是福建人，不太适应仁波切的口音，为了帮助她，我自告奋勇地记笔记，与大家分享。为了尽量记得完全，我听课更加专注，加上上师加持，短短几周时间竟练出了速记的本领。记笔记这件事，本意是为了帮助同修，最后却惊讶地发现对自己帮助最大：我对上课内容记得格外牢固而清晰。这更让我体会到：学佛是自利而利他的事业。同修们读了我的笔记初稿，都觉得帮助很大。大家希望出版出来，帮助更多的有缘人。

  我的笔记一段段在学习群里发出来，由白玛拉姆师兄整合成初稿。接着，秋尼拉姆师兄做了大量的工作：她把初稿内容理顺，删除重复的口语；又把稿子念给仁波切听，一遍又一遍地反复精磨稿子；再数次读稿，跟仁波切读诵和确认内容的精准。其后，洛桑顿珠师兄核对广论的原文；东涅嘉措、尼玛顿珠、卓玛措、香巴曲措、卓玛师兄进行了数度审阅提问与文字校对的工作；敦丹尼玛、唯色桑珠师兄为封面设计提出建议，息内达克师兄设计并修改了许多次封面稿，最终封面设计由我表哥至波完成；东涅嘉措、唯色桑珠、尼玛顿珠、达列措、丹真才让、卓玛、萨姆丹卓玛、香巴曲措师兄都为书名的翻译贡献了创意。另外，我先生 Weimin 为封面题字，我们特此致谢。这便是这本书的缘起。受制于授课的进度及篇幅，我们计划分三册出版《菩提道次第广论》的讲义。这次出版的第一册是下士道的内容，未来出版的第二册是中士道及上士道至六度四摄的内容，第三册为上士道的止观内容。

由于能力所限，书中可能存在一些疏漏或错误，您如果发现，可以发送电子邮件到 ragyambcc@gmail.com 与我们联系，恳请不吝赐教。

莲苑修心
——菩提道次第广论讲记（1）

作　　者：第十一世香萨仁波切

出　　版：飞马国际出版社
网　　址：https://www.pegasus-book.com/
电子邮箱：pegasusinternationalpress@gmail.com
出版日期：2024 年 7 月
国际书号：978-1-0688140-6-8
版权所有 · 不得翻印

All rights reserved.
Published in Canada by Pegasus International Press
Library and Archives Canada Cataloguing in Publication
Title: Heart's Journey: Lotus Garden Teachings (Simplified Chinese)
Names: H.E. 11th Shingza Rinpoche, author
ISBN: 978-1-0688140-6-8 (paperback)
ISBN: 978-1-0688140-7-5 (ebook)

www.ingramcontent.com/pod-product-compliance
Lightning Source LLC
Chambersburg PA
CBHW030433010526
44118CB00011B/617